KONTRASTIVNA ANALIZA
Glagolska vremena za prošlost u
hrvatskom i engleskom jeziku

Ivona Šetka Čilić

NASLOV
KONTRASTIVNA ANALIZA Glagolska vremena za prošlost u hrvatskom i
engleskom jeziku

AUTOR
dr.sc .Ivona Šetka Čilić, doc.

NAKLADNIK
Filozofski fakultet Sveučilišta u Mostaru
Matice hrvatske b.b.
88000 Mostar

RECENZENTI
dr.sc. Dora Maček, prof.emerita
dr.sc. Mile Mamić, red.prof.

LEKTURA I KOREKTURA
dr.sc .Ivona Šetka Čilić, doc.

OBLIKOVANJE
Augustin Zonjić

TISAK
www.createspace.com
North Charleston, SC, USA

NAKLADA
300 primjeraka

Mostar, siječanj 2015.

ISBN: 978-9958-16-037-0

CIP - Katalogizacija u publikaciji
Nacionalna i univerzitetska biblioteka
Bosne i Hercegovine, Sarajevo

811.163.42'366.582(075.8)
811.111'366.582(075.8)

ŠETKA Čilić, Ivona
    Kontrastivna analiza : glagolska vremena za prošlost u
hrvatskom i engleskom jeziku / Ivona Šetka Čilić. - Mostar :
Filozofski fakultet Sveučilišta, 2014. - 250 str. ; 24 cm

Bilješka o autorici: str. 250. - Bibliografija: str. 229-230 ;
bibliografske i druge bilješke uz
tekst.

ISBN 978-9958-16-037-0

I. Čilić, Ivona Šetka vidi Šetka Čilić, Ivona

COBISS.BH-ID 21854214

KONTRASTIVNA ANALIZA
Glagolska vremena za prošlost u hrvatskom i engleskom jeziku

dr. sc. Ivona Šetka Čilić

NAKLADA
Filozofski fakultet Sveučilišta u Mostaru, 2015.

POSVETA I ZAHVALE

Svaki rad ima cilj, odnosno svi radimo nešto sa nekim određenim ciljem, primjerice učimo da bismo uspješno završili školu i stekli dobro obrazovanje i jednog dana dobili dobar posao i bili sposobni brinuti se sami o sebi. Tako je bilo kod mene. Cijelo razdoblje školovanja sam bila dobra učenica i uvijek sam voljela učiti i uvjek sam željela naučiti još više, pa sam uspješno završila osnovno, srednje obrazovanje, upisala se na fakultet, diplomirala, zaposlila se, upisala poslijediplomski studij, magistrirala i doktorirala. Ali, to nije kraj. Tek kada sam to sve ostvarila, shvatila sam da trebam raditi i učiti još više, ali tada sam stekla određeni oslonac, odnosno podlogu, koju mogu iskoristiti i prenijeti svoje stečeno znanje na mlađe ljude koji dolaze i koji će jednog dana biti na mome mjestu.

Kao što je istaknuto u Predgovoru, diplomirala sam na studiju engleskog i hrvatskog jezika i književnosti, pa sam tu svoju ljubav prema navedenim dvama jezicima nastojala pomiriti tako što sam se odlučila baviti kontrastivnom analizom hrvatskog i engleskog jezika. Upravo je navedeno razlogom nastanaka ove knjige: Kontrastivna analiza: Glagolska vremena za prošlost u hrvatskom i engleskom jeziku.

Cilj je ove knjige pomoći studentima, ali i svima ostalima u boljem razumijevanju glagolskih vremena za prošlost u navedenim dvama jezicima. S obzirom na to da predajem predmete vezane za gramatiku engleskog jezika, smatram da je iznimno važno pružiti studentima uvid i u gramatiku materinskog (hrvatskog jezika), jer im to samo može pomoći.

Naravno, na poslijedipmomskom studiju na Filozofskom fakultetu Sveučilšta u Zadru, imala sam priliku i čast upoznati divne profesore, koje mogu smatrati uzorom i velikom podrškom kroz cijelo to vrijeme, a to su naprije moja draga mentorica, profesorica Dora Maček, koja mi je iznimno mnogo pomogla i bila mi mentoricom na magistarskom i doktorskom radu i koja je i sada pristala biti recenzenticom ovoj knjizi i zato joj se ovim putem želim iskreno i od srca zahvaliti za sve. Naravno, tu je i moj dragi profesor Mile Mamić, koji je bio članom Povjerenstva na obrani magistarskog i doktorskog rada i koji je također sada pristao biti recenzentom ovoj knjizi i također mu se ovim putem želim iskreno i od srca zahvaliti za svu pomoć i podršku.

Naravno, želim se zhvaliti svojoj obitelji, svojim roditeljima i suprugu koji su mi bila velika podrška kroz cijelo ovo vrijeme i njima posvećujem ovu knjigu.

Želim se zahvaliti i kolegi i prijatelju Augustinu Zonjiću na pomoći oko prijeloma knjige i tiska.

Na kraju se još želim zahvaliti Upravi Filozofskog fakulteta, jer su pristali biti nakladnikom za tiskanje ove knjige.

Autorica

SADRŽAJ

PREDGOVOR

Gramatika je oduvijek bila nešto što me zanimalo, najprije gramatika hrvatskog jezika, a kasnije i gramatika engleskog jezika. Iako se navedena dva jezika uvelike razlikuju, moram priznati da mi je poznavanje gramatike hrvatskog jezika uveliko olakšalo razumijevanje gramatike engleskog jezika. Navedena fasciniranost gramatikom tih dvaju jezika se nastavila i tijekom srednjoškolskog obrazovanja, što je bilo razlogom da sam odlučila upisati studij u kojemu ću uspjeti pomiriti ljubav prema navedenim dvama jezicima, što je na kraju postalo mojom životnom profesijom.

Međutim, na kraju sam se ipak odlučila za engleski jezik, ali sam tu svoju ljubav i sklonost prema hrvatskom i engleskom jeziku nastojala na neki način očuvati, te sam za temu magistarskog, ali i doktorskog rada uzela određena područja iz gramatike hrvatskog i engleskog jezika i odlučila ih usporediti, što je na kraju rezultiralo nastankom ove knjige koja će, nadam se, poslužiti i biti korisna ne samo studentima anglistike i kroatistike, nego i svima ostalima koji su zainteresirani za usporedbu gramatičkih konstrukcija engleskog i hrvatskog jezika.

Naravno, ovo je samo jedan djelić, i jedan od načina usporedbe navedena dva jezika, ali ako nekom pomogne barem malo i možda "probudi" ljubav i zainteresiranost za gramatiku tih dvaju jezika, moj cilj će biti ostvaren.

UVOD

1. UVOD

Glagolska vremena su oduvijek predstavljala ne samo zanimljivo nego i iscrpno područje gramatike. Njima su se bavili mnogi jezikoslovci istražujući kolike su mogućnosti izražavanja ne samo njihovog materinskog jezika, nego i nekog stranog jezika koji im je bio posebice zanimljiv.

U ovom ćemo se radu baviti glagolskim vremenima za prošlost u hrvatskom i engleskom jeziku da bismo utvrdili kolike su mogućnosti izražavanja glagolske radnje u prošlosti u navedenim dvama jezicima i vidjeli podudarnosti i nepodudarnosti sustava glagolskih vremena i poimanje odnosa kao što su: prije-poslije i svršeno-nesvršeno. Ovakav opis će, smatramo, pokazati neke osobine ovih dvaju jezika na teoretskom planu, ali može imati i koristi i za praksu prevođenja ili poučavanja jezika.

Da bismo uopće mogli govoriti o glagolskim vremenima za prošlost u hrvatskom i engleskom jeziku, vidjet ćemo kako navedeni jezici poimaju kategoriju vremena i je li njihovo poimanje vremena slično ili potpuno drugačije.

Skupina autora (Barić, Lončarić, Malić, Pavešić, Peti, Zečević i Znika, 1997.) na str. 406. – 407. ističe da se kategorijom vremena u hrvatskom jeziku utvrđuje je li riječ o radnji koja se odvija u prošlosti, sadašnjosti ili budućnosti, i to su tri osnovne gramatičke oznake kategorije vremena koje se javljaju kao gotove i negotove. Gramatička oznaka kategorije vremena može, ali ne mora, izražavati stvarno vrijeme odvijanja radnje.

Ako se gramatička oznaka kategorije vremena podudara s vremenom odvijanja govornog čina, govorimo o apsolutnoj upotrebi vremena (tempus dicendi), tj. govorimo o apsolutnoj sadašnjosti, prošlosti i budućnosti. No, i to je neki odnos, jer je to „apsolutno" vrijeme ono koje sudionici u komunikaciji tako doživljavaju u odnosu na svoj „položaj" u vremenu, tj. „odvijanje govornog čina." Ako se gramatička oznaka kategorije vremena ne podudara s vremenom odvijanja govornog čina, govorimo o relativnoj upotrebi vremena (tempus agendi), tj. govorimo o relativnoj sadašnjosti, prošlosti ili budućnosti. To su također odnosi, kako ih govornici percipiraju.

Svi koji dobro poznaju sustav glagolskih vremenā u hrvatskom jeziku znaju da npr. prezent izražava sadašnju radnju, perfekt, imperfekt, aorist i pluskvamperfekt prošlu radnju, futur prvi i futur drugi buduću radnju, itd. Navedeno vrijedi kada govorimo o apsolutnoj, odnosno pravoj prošlosti, sadašnjosti i budućnosti, ali spomenuli smo da postoje i relativna (neprava), ali i gotova i negotova sadašnjost, prošlost i budućnost, za koje ne vrijede navedena pravila. Apsolutna i relativna upotreba vremena određuju se prema sadašnjosti i zavise od govornikova gledišta, što znači koliko govornikov pogled seže, pa je ono što vidimo *sada* sadašnjost, *prije nje* je prošlost, a *iza nje* budućnost. No, koliko je točno duga sadašnjost (par minuta, dva dana, ljudski vijek?), te gdje počinje prošlost ili budućnost je vrlo relativno čak i kad je riječ o tzv. apsolutnim vremenskim odnosima.

Treba znati kako i u engleskom jeziku postoji razlika između onoga što u hrvatskom jeziku nazivamo *izvanjezično vrijeme* (u engleskom *Time*) i *glagolsko vrijeme* (u engleskom *Tense*). Dakle, *time* je apstraktan pojam vremena pod kojim podrazumijevamo tri vremenske oznake: prošlost, sadašnjost i budućnost. *Tense* je glagolsko vrijeme i glagolskih vremenā može biti više za svaku od navedene tri vremenske oznake u oba jezika. Također, u engleskom jeziku treba razlikovati: vrijeme odvijanja govornog čina (Speech Time), vrijeme u kojem će se nešto dogoditi ili se već dogodilo (Event Time) i referentno vrijeme (Reference Time) koji predstavlja referentnu vremensku točku, odnosno vrijeme na koji se nešto odnosi. I u engleskom jeziku razlikujemo *apsolutno vrijeme* (Absolute Time) koje je pravo vrijeme govornog čina i izražavamo ga apsolutnim glagolskim vremenima (Absolute Tenses) i *relativno vrijeme* (Relative Time) koje se određuje relativno u odnosu na vrijeme o kojem se govori (Reference Time) i izražava se relativnim glagolskim vremenima (Relative Tenses). Apsolutna glagolska vremena izražavaju vrijeme odvijanja nekog događaja u odnosu na vrijeme govora, a relativna glagolska vremena povezuju vrijeme odvijanja nekog događaja s drugim vremenom i na taj način se tek neizravno odnose na vrijeme govora (Reference Time) koje služi kao vremenska referentna točka. I u engleskom jeziku postoje tri gramatičke oznake kategorije vremena i to su: *prošlost* koja predstavlja vrijeme prije vremena odvijanja govornog čina, *sadašnjost* kao vrijeme odvijanja govornog čina i *budućnost* kao vrijeme poslije vremena odvijanja govornog čina. Sve tri navedene gramatičke oznake kategorije vremena su predstavljene trima apsolutnim glagolskim vremenima u engleskom jeziku: *sadašnje vrijeme* (Present Tense), *prošlo vrijeme* (Past Tense) i *buduće vrijeme* (Future Tense) (John Radden, 1989., str. 180. - 182.). Oba navedena jezika imaju odgovarajuće glagolsko vrijeme koje ćemo upotrijebiti ovisno je li riječ o svršenoj ili nesvršenoj radnji u prošlosti, radnji koji se dogodila u prošlosti prije neke druge prošle radnje, itd. Međutim, ono što je posebice zanimljivo jest činjenica da u engleskom jeziku postoji glagolsko vrijeme koje ne možemo smatrati ni glagolskim vremenom za prošlost, niti glagolskim vremenom za sadašnjost, nego određenim "spojem" glagolskog vremena za prošlost i sadašnjost a to je "perfekt sadašnji " (*Present Perfect Tense*), kojega u hrvatskom jeziku nema, ali navedeni problem je u hrvatskom jeziku riješen upotrebom prezenta ili perfekta ovisno je li riječ o svršenoj (prefektivnoj) ili nesvršenoj (imperfektivnoj) radnji, pa sukladno tomu u prijevodu navedenog glagolskog vremena na hrvatski jezik upotrebljavamo perfektivni ili imperfektivni glagol. Kao što vidimo, u hrvatskom jeziku je važan aspekt i u ovom slučaju jedino nam aspekt pomaže da upotrijebimo odgovarajuće glagolsko vrijeme u prijevodu "perfekta sadašnjeg" (Present Perfect Tense) s engleskog na hrvatski jezik. Postoji i trajni oblik navedenog glagolskog vremena, a to je "perfekt sadašnji trajni" (*Present Perfect Continuous Tense*), za koji vrijedi ono što smo rekli za "perfekt sadašnji" (Present Perfect Tense), ali je ovdje naglasak na trajanju, pa i u ovom slučaju problem prijevoda navedenog glagolskog vremena na hrvatski jezik rješavamo pomoću aspekta, tj. upotrebom samo nesvršenih (imperfektivnih) glagola u hrvatskom jeziku (iako ćemo kasnije vidjeti da to nije uvijek tako).

Ovaj problem ćemo detaljnije razraditi kada budemo govorili o ekvivalentima između glagolskih vremena za prošlost u hrvatskom i engleskom jeziku, a posebice na primjerima koji ćemo analizirati. Poznato je da glagolska vremena u hrvatskom jeziku nisu uvijek jednako zastupljena u svakodnevnoj upotrebi. Danas nam je poznato da neka glagolska vremena za prošlost polako izumiru (aorist, imperfekt, pluskvamperfekt) i sve se više zamjenjuju *perfektom* kojeg možemo smatrati "univerzalnim" glagolskim vremenom za izražavanje prošlosti u hrvatskom jeziku, iako navedena glagolska vremena još uvijek postoje u sustavu glagolskih vremenā u suvremenome hrvatskom standardnom jeziku. Naime, kada kažemo da navedena glagolska vremena još uvijek postoje u sustavu glagolskih vremenā u suvremenome hrvatskom standardnom jeziku, u biti želimo reći da su nazočni samo pasivno, jer ih u razgovornom jeziku rijetko kad susrećemo. Ipak, još uvijek ima pisaca koji žele sačuvati navedena glagolska vremena u svojim djelima i ne dozvoliti da padnu u zaborav, jer sigurno je da predstavljaju jedno jezično bogatstvo koje ne smije biti zanemareno.

Govoreći o upotrebi glagolskih vremenā za prošlost u engleskom jeziku, možemo reći da za razliku od hrvatskog jezika u kojem smo svjedoci sve većeg iščezavanja pojedinih glagolskih vremena za prošlost u svakodnevnoj upotrebi, u engleskom jeziku to nije slučajem. Možemo reći da u oba jezika kojima ćemo se u ovom radu baviti postoje određeni ekvivalenti u upotrebi glagolskih vremenā za prošlost (uz neke manje iznimke), što ćemo predstaviti u razradi ovoga rada, ali ono najvažnije što želimo predstaviti u ovom radu jest proučiti vremenske i aspektualne odnose engleskih i hrvatskih glagolskih vremena za prošlost s posebnim naglaskom na ona glagolska vremena koja se u praksi najviše koriste. Predstavit ćemo sustav glagolskih vremena u oba jezika i potom se ograničiti same na glagolska vremena za prošlost i vidjeti po čemu se navedena glagolska vremena u tim jezicima razlikuju, a po čemu su slična i sve to prikazati na primjerima uzetim iz beletristike, u ovom slučaju na primjerima uzetim iz dvaju romana: *Ponos i predrasude* (*Pride and Prejudice*), autorice Jane Austen i *Lord Jim,* autora Josepha Conrada na engleskom i hrvatskom jeziku i navedeno prikazati pomoću tablice da bismo dobili slikovitiji prikaz rezultata dobivenih analizom navedenog korpusa tekstova.

GLAGOLSKA VREMENA ZA PROŠLOST U HRVATSKOM JEZIKU

2. GLAGOLSKA VREMENA ZA PROŠLOST U HRVATSKOM JEZIKU

Prije nego što navedemo koja su glagolska vremena u upotrebi u hrvatskom jeziku, a koja su od njih glagolska vremena za prošlost, moramo reći što su glagoli, kojoj vrsti riječi pripadaju, koje su njihove osobine, itd.

2.1. Osnovne osobine glagola u hrvatskom jeziku

Skupina autora (1997.) na str. 222. - 225. kaže da glagoli u hrvatskom jeziku pripadaju promjenjivoj vrsti riječi i da izražavaju procese: radnju, stanje i zbivanje. Glagole karakteriziraju glagolske kategorije: lica, načina, aspekta, stanja, vremena, broja i roda. Osim navedenih sedam glagolskih kategorija, važne osobine glagola u hrvatskom jeziku su: povratnost, prijelaznost, rekcija i valentnost.

Prema poimanju glagola u kognitivnom pristupu, bitna je njihova značenjska strana, a kako se naše poimanje svijeta sastoji od stvari i odnosa, glagoli prvenstveno odražavaju odnose (Tabakowska, 005., str. 22.). To u punoj mjeri obuhvaća glagolska vremena kao i kategoriju aspekta, ali i druge. Nakon što smo naveli kojoj vrsti riječi pripadaju glagoli u hrvatskom jeziku, što izražavaju i koje su glagolske kategorije, najprije ćemo nešto reći o načinima izražavanja vremenskih odnosa, a potom predstaviti drugu najvažniju glagolsku kategoriju u hrvatskom jeziku - *kategoriju aspekta*, bez koje se ne mogu u potpunosti razumjeti načini izražavanja vremenskih odnosa u hrvatskom jeziku.

2.2. Vremenski odnosi u hrvatskom jeziku (sadašnjost i budućnost)

Prije nego što počnemo govoriti o načinima izražavanja prošlosti u hrvatskom jeziku, odnosno o glagolskim vremenima za prošlost, reći ćemo nešto o druge dvije gramatičke oznake kategorije vremena a to su: sadašnjost i budućnost.

Katičić (1991.) na str. 46. - 47. kaže da je *apsolutna sadašnjost prava sadašnjost* i izražava se samo prezentom imperfektivnih glagola, npr. *Mi hodamo pristojno.* Relativna sadašnjost se izražava prezentom perfektivnih i imperfektivnih glagola. Može se upotrebljavati ne za izražavanje, nego samo za prepričavanje prošlih događaja, pa se njime postiže jači stilski učinak, i to poglavito zato, jer se radnja smješta u vidokrug govornika i sugovornika. Takav prezent se naziva *historijskim ili pripovjedačkim prezentom* npr. *Nekog dana jašim iz Bijeljine u Donju Tuzlu* (Katičić, 1991., str. 47.). Relativna sadašnjost, kada se odnosi na prošlost, može biti izražena imperativom drugog lica jednine, kada mu se neutralizira oznaka obilježenog načina, i takav imperativ se naziva *pripovjedačkim ili historijskim imperativom* i upotrebljava se za prepričavanje prošlih događaja, npr. *Strese se kao pas i bjež, tjeraj* (Skupina autora, 1997., str. 409.).

Osim imperativom, relativna sadašnjost se izražava kondicionalom prvim (sadašnjim) kada je riječ o radnji koja se ponavljala u prošlosti i takav kondicional se naziva *iterativnim kondicionalom*, npr. *Kako bi jutrom odlutao, tako bi isto s večera dolazio* (Skupina autora, 1997., str. 409.).

Budućnost također može biti apsolutna i relativna, ali i gotova budućnost. Apsolutna i relativna budućnost izražavaju se futurom prvim perfektivnih i imperfektivnih glagola, npr. *Sad ću nizati uspomene svoje.* Gramatička oznaka kategorije budućnosti ne može se usporediti s gramatičkom oznakom kategorija prošlosti i sadašnjosti, jer je budućnost sama po sebi vrlo neizvjesna i nepredvidljiva (Katičić, 1991., str. 61.).

Naime, svi znamo što je bilo u prošlosti i što je u sadašnjosti, ali nitko ne zna što će biti u budućnosti, pa tako futur prvi ne izražava buduću radnju, nego se njime izražava naše očekivanje buduće radnje u sadašnjosti. Rekli smo da se futurom prvim izražava apsolutna ili prava, ali i relativna ili neprava budućnost. Relativna budućnost se uglavnom odnosi na prošlost i upotrebljava se u pripovijedanju, pa se takav futur naziva *historijskim ili pripovijedačkim futurom*, npr. *Župančići jedri i rumeni, bujali toliko, te će zamalo ocu do pojasa segnuti* (Skupina autora, 1997., str. 415. - 416.). Osim apsolutne i relativne budućnosti, postoji i gotova budućnost koja se izražava glagolskim pridjevom radnim i futurom prvim glagola *biti*, npr. *Široki zidovi vavilonski sasvijem će se raskopati i visoka vrata njegova ognjem će se spaliti, te će ljudi biti uzalud radili i narodi se trudili* (Katičić, 1991., str. 63.). Gotova budućnost je najčešće relativna i njome se bez velike sigurnost tvrdi nešto o nekom prošlom događaju, npr. *Bit će padala kiša* (Katičić, 1992., str. 180.). Gotova budućnost se rijetko upotrebljava u hrvatskom književnom jeziku, a kada se ipak upotrijebi, njome se postiže jači stilski učinak. U kognitivnom opisu bi se vjerojatno moglo govoriti o prototipnom sadašnjem, odnosno budućem ili prošlom vremenu, dok su ova druga odmaknuta od prototipa.

2.3. Aspekt u hrvatskom jeziku

Kategorijom aspekta se utvrđuje je li riječ o svršenoj ili nesvršenoj radnji, pa tako imamo perfektivne (svršene) glagole, npr. *doći, donijeti, naučiti,* itd. i imperfektivne (nesvršene) glagole, npr. *dolaziti, donositi, učiti,* itd. O kategoriji glagolskog aspekta ćemo nešto više reći, jer je važna za ovaj rad, s obzirom na to da ne možemo govoriti o glagolskim vremenima u hrvatskom jeziku a da ne znamo da postoji kategorija aspekta koja podrazumijeva podjelu na perfektivne i imperfektivne glagole. Kategorija glagolskog aspekta je često bila predmetom mnogih stručnih rasprava i o njoj se mnogo pisalo.

Govoreći o glagolskom aspektu, Ljudevit Jonke (1965.) na str. 66. ističe da je važno na koji način vidimo radnju, tj. gledamo li na radnju u procesu (akciju), ili gledamo na radnju kao na nešto što je već završeno (svršen čin). Gledamo li na radnju kao na *proces* (akciju), riječ je o *imperfektivnim* (nesvršenim) glagolima, ali ako gledamo na radnju kao na *svršen čin*, riječ je o *perfektivnim* (svršenim) glagolima. Navedenu razliku između perfektivnih i imperfektivnih glagola možemo slikovito prikazati rečenicama: *Josip uči kemiju* i *Josip je naučio kemiju*. U prvoj rečenici riječ je o radnji u trajanju, odnosno o procesu učenja kemije, a u drugoj rečenici riječ je o svršenom činu, dakle, ističemo da je proces učenja završen, odnosno da je gradivo iz kemije naučeno.

Jonke (1965.) na str. 66. također ističe kako je zanimljivo da u slavenskim jezicima općenito oba glagolska aspekta (perfektivni i imperfektivni) imaju posebnu osnovu (korijen), koja može imati značenje perfektivnosti ili imperfektivnosti. Primjerice: glagoli *pasti* i *sjesti* u svom korijenu imaju značenje *perfektivnosti*, a glagoli *padati* i *sjedati* imaju značenje imperfektivnosti. To je razlogom da se razlika između perfektivnosti i imperfektivnosti radnje smatra gramatičkom, a ne leksičkom kategorijom. No, ona je u stvari semantička kategorija, koja se u slavenskim jezicima izražava gramatičkim (morfološkim) sredstvima, ali u engleskom jeziku ćemo vidjeti da je to dobrano drugačije. Da bi razlika između perfektivnih i imperfektivnih glagola bila jasnijom, govorilo se da je imperfektivnost izvršavanje radnje, a perfektivnost izvršenje radnje. Time se željelo upozoriti na činjenicu da ništa ne traje neprestano, nego da sve traje neko određeno vrijeme i onda stane, pa tako imperfektivni glagoli, osim izvršavanja radnje, označuju i njezino trajanje. Vrijeme trajanja radnje je najčešće izraženo priložnim oznakama, npr. *Spremao sam ispit mjesec dana*. Perfektivni glagoli označuju izvršenje, bilo čitave radnje, bilo jednog njezinog dijela od početka do kraja, npr. *Pročitao sam knjigu*, što znači da je radnja izvršena do kraja, tj. cijela knjiga je pročitana. Govoreći o glagolskom aspektu, glagoli se mogu ovisno o načinu vršenja radnje podijeliti na: neprekidne i durativne, a to su glagoli koji označuju radnju koja neprekidno traje i to su samo imperfektivni glagoli; učestale ili itrerativne, a to su glagoli koji označuju radnju koja se ponavlja i mogu biti i perfektivni i imperfektivni. Ovo se može, naravno, promatrati kao "množina" radnja (Tabakowska, 2005., str. 23.); potom na punktualne ili trenutne, a to su glagoli koji označuju radnju koja se izvrši u kratkom vremenu. Dakle, ovo je „jednina" (Tabakowska, 2005., str. 23.), odnosno kao što im samo ime kazuje – u trenutku i svi su perfektivni; potom na početne ili inkoaktivne glagole, koji označuju početak radnje i također su svi perfektivni, itd. Primjerice: glagol *misliti* je durativan, glagol *izgovarati* je imperfektivno-iterativan, glagol *poizgovarati* je perfektivno-iterativan, glagol *pući* je perfektivno-punktualan, glagol *poći* je perfektivno-inkoativan, itd. Najjednostavnije bismo perfektivne i imperfektivne glagole mogli razlikovati, ako si postavimo pitanje:

Što sada radiš? Odgovor mode biti: Učim, čistim kuću, slušam glazbu, itd. Dakle, nemoguće bi bilo odgovoriti na navedeno pitanje perfektivnim glagolom: Naučim , očistim kuću, itd. Govoreći o perfektivnim i imperfektivnim glagolima, navedeni autor (1965.) na str. 67. spominje i aspektualne (vidske) parnjake, koji se mogu razlikovati po glagolskom aspektu (vidu), što znači da je jedan od njih imperfektivan, a drugi perfektivan, npr. *čitati – pročitati, pisati – napisati,* itd., ali se navedeno može odnositi i na glagole koji se osim po glagolskom aspektu (vidu), razlikuju po opreci učestalost - neučestalost, npr. *kopati - iskopati,* itd. Vidski parnjaci mogu nastati od različitih korijenskih morfa i nazivaju se supletivnim parnjacima, npr. *otići - odlaziti.* Glagol *otići* je perfektivan, a glagol *odlaziti* je imperfektivan. Razlikovno sredstvo između perfektivnih i imperfektivnih glagola mogu biti određeni prefiksi i sufiksi, ali samo kada se kombiniraju s određenim morfemima u određenim uvjetima, npr. *baciti - nabaciti.* Oba glagola su perfektivna, pa prefiks *na* ne predstavlja razliku između perfektivnosti i imperfektivnosti, nego samo razliku u načinu vršenja radnje, npr. *baciti* je perfektivno-punktualan glagol, a *nabaciti* je perfektivno-iterativan glagol, dok u primjeru *bacati - nabacati,* prefiks *na* označuje perfektivnost, odnosno služi kao razlikovno sredstvo. Neki imperfektivni glagoli ostaju imperfektivnima iako im se doda prefiks u slučaju kada postoje barem dva nesložena glagola od istog korijena, npr. glagol *dizati* je imperfektivan, kao i glagol p*odizati*, jer pored imperfektivnog glagola *dizati*, postoje dva perfektivna od istog korijena, npr. *dignuti* i *dići*. Skupina autora (1997.) na str. 226. - 227. ističe da glagoli koji nemaju parnjaka postaju perfektivni, npr. *vikati – povikati* i da su glagoli koji prefiksacijom nisu postali perfektivni u biti su nastali proširenjem glagolske osnove. Jonke (1965.) na str. 68. - 69. ističe da se u slavenskim jezicima općenito, pa tako i u hrvatskom jeziku, *osnova* smatra nositeljem glagolskog aspekta. Pored navedene tvrdnje, glagolski korijen ili osnova ne mogu sami uvjetovati razlikovanje perfektivnosti i imperfektivnosti glagolske radnje. Usporedi li se korijen glagola: *jesti – jedem* i *sjesti – sjednem*, korijeni su slični (*jed-* i *sjed-*), ali ipak, ako se zna da glagol *jesti* nema parnjaka, glagol je imperfektivan, a glagol *sjesti* dolazi s parnjacima: *sjediti* i *sjedati*, pa je perfektivan. Isto bi se moglo reći za glagole: *žeći – žežem* i *leći-ležem* (*legnem*). Glagol *žeći* nema parnjaka, pa je imperfektivan, a glagol *leći* ima parnjake: *ležati* i *lijegati,* pa zaključujemo da je perfektivan.

Glagolski aspekt se može odrediti i *po sufiksu* kod glagola koji infinitivnu osnovu tvore sufiksima, pa imamo određene sufikse za tvorbu perfektivnih glagola, npr.: -Ø, -a, -i, -je, -ije, -nu, npr.: *pročitati, proučiti, uvidjeti, podmetnuti,* itd., i određene sufikse za tvorbu imperfektivnih glagola, npr.: -(j)ā, -(j)āva, -(j)īva, npr.: *probadati, pročitavati, proučavati, uviđati,* itd. Iako se sufiks *-nu* navodi uz perfektivne glagole, njime se mogu tvoriti i imperfektivni glagoli, npr. *tonuti, ginuti,* itd.

Skupina autora (1997.) na str. 229. ističe da osim prefiksa ili sufiksa, razlikovno sredstvo može biti i *naglasak* (uglavnom kod iterativnih glagola), npr. *poglèdati – poglédati.* Međutim, postoje i glagoli koji mogu biti i perfektivni i imperfektivni i takvi glagoli se nazivaju *dvovidnim glagolima,* npr. glagol *večerati.* Da je navedeni glagol doista dvovidan, pokazuje činjenica da ako sugovorniku postavimo pitanje: *Što radiš?* može odgovoriti: *Večeram,* a na pitanje: *Večeraš li?* može odgovoriti: *Ne, kad večeram, nazvat u te.* U slavenskim su jezicima ovi udaljeni od prototipa, dok u engleskom npr. nisu, nego naprotiv, to su prototipni glagoli, a što se tiče izražavanja aspekta – neutralni.

2.4. Vremenski i aspektualni odnosi izraženi glagolskim vremenima za prošlost

Sada ćemo spomenuti glagolska vremena za prošlost i vidjeti kako izražavaju vremenske i aspektualne odnose. Počet ćemo od *perfekta* kao najzastupljenijeg i, možemo reći, općeg glagolskog vremena za prošlost.

2.4.1. Perfekt
Kao što postoji apsolutna i relativna sadašnjost, tako postoji *apsolutna ili prava prošlost* koja se izražava *perfektom s neutraliziranom oprekom po gotovosti.* Ovo je zanimljivo, jer kao da govori o

„eroziji" aspekta u hrvatskom jeziku. Takav perfekt[1] se upotrebljava za izražavanje općeg prošlog vremena, što je razlogom da je perfekt jedno od najčešće upotrebljavanih glagolskih vremena za prošlost (Katičić, 1991., str. 53.). U navedenom slučaju perfekt se može upotrijebiti bez spone *je*, čime se postiže bolji stilski izričaj, npr. *U po sobe nešto visjelo ko lampa* (Katičić, 1991., str. 55.). Ispuštanjem navedene spone u slučaju kada se javlja s povratnom zamjenicom *se*, stilski izričaj je mnogo manji, npr. *Sad se osjećao umoran.* Kada se uz povratnu zamjenicu *se* ispusti spona *su*, stilski izričaj je nešto veći, npr. *Njemu se u slavu i pjesme pjevale* (Katičić, 1991., str. 55.-56.).

Skupina autora (1997) na str. 410 ističe da iako je perfekt glagolsko vrijeme kojim se prvenstveno izražava prošlost, njime se može izraziti i *gotova sadašnjost koja se odnosi na prošlost.* Navedeno upućuje na zaključak da je perfekt prototipno vrijeme za prošlost, jer je upravo izražavanje prošlosti njegova primarna funkcija, čak i kad je riječ o gotovoj sadašnjosti. Gotova sadašnjost se izražava perfektom, neovisno je li apsolutna ili relativna.

---

[1] Perfekt tvorimo nenaglašenim oblikom imperfektnog i perfektivnog prezenta pomoćnog glagola *biti* i glagolskim pridjevom radnim glavnog glagola (Skupina autora, 1997., str. 240.). Perfekt glagola *pisati* glasi:

Singular:	Plural
1. *pisao/pisala/pisao sam*	1. *pisali/pisale/pisala smo*
2. *pisao/pisala/pisao si*	2. *pisali/pisale/pisala ste*
3. *pisao/pisala/pisao je*	3. *pisali/pisale/pisala su*

Kada se perfekt upotrebljava za izražavanje gotove sadašnjosti, ne može se zamijeniti ni imperfektom, ni aoristom, ni historijskim prezentom, a da se ne promijeni značenje rečenice. Za izražavanje *gotove sadašnjosti* upotrebljava se uglavnom *perfekt perfektivnih glagola*, jer je ono što je nastalo nakon gotove radnje važnije od njezinog trajanja u vremenu, npr. *Tu sam izreku upamtio još kao đak,* (i sada je znam) (Skupina autora, 1997., str. 410). Kada bi se navedena rečenica umjesto perfektom izrazila *aoristom* (jer je riječ o perfektivnim glagolima), to više ne bi bila apsolutna gotova sadašnjost, nego apsolutna prošlost, npr. *Tu izreku upamtih još kao đak.*

Ako se želi istaknuti *trajanje radnje u vremenu,* upotrebljava se *perfekt imperfektivnih glagola,* npr. *Tek sam mu prekjučer pisao* (i sad je pismo na putu), (razg.). Kada bi se navedena rečenica ponovno zamijenila *aoristom,* to više ne bi bila apsolutna gotova sadašnjost, nego trajanje radnje u prošlosti promatrano kao zaokružena cjelina, npr. *Tek mu prekjučer pisah* (Skupina autora, 1997., str. 411.).

Postoji i relativna gotova sadašnjost, koja osobito dolazi do izražaja kada se upotrebljava uz historijski prezent, i tada perfekt izražava gotovu, a historijski prezent negotovu relativnu prošlost, npr. *Otac kazuje, a majka naša plače, pa smo se i mi djeca rasplakali* (Katičić, 1991., str.51. – 52.).

Kada se *perfekt* upotrebljava za izražavanje *relativne i apsolutne gotove sadašnjosti,* može mu se izostaviti spona, najčešće kad je spona *je* i na taj način se postiže jači stilski učinak, npr. *Lajanje pseće utihnulo*. Relativna gotova sadašnjost se može odnositi na bilo koje vrijeme i izražava se *svevremenskim perfektom* koji se često javlja u tom obliku u poslovicama, pa se još naziva *poslovičnim ili gnomskim perfektom*, npr. *Došli divlji pa istjerali pitome* (Skupina autora, 1997., str. 411.).

Perfekt se također upotrebljava za izražavanje budućnosti, kad je u pitanju relativna gotova sadašnjost, npr. *Nastradao sam ako me pronađu ovdje* (Katičić, 1991., str. 52.). Također, perfekt se preoblikuje u *futur drugi* u pogodbenoj rečenici koja stoji u relativnoj gotovoj sadašnjosti kada se za neki događaj misli kao da se desio u prošlosti, ali posljedice tog događaja u budućnosti će biti važne da bi se ispunio uvjet pogodbe (Skupina autora, 1997., str. 411. i 506.).

2.4.1.1. Perfekt perfektivnih glagola (aorist) i perfekt imperfektivnih glagola (imperfekt)

S obzirom na to da perfekt danas zamjenjuje sva ostala glagolska vremena za prošlost (aorist, imperfekt i pluskvamperfekt), znači da je preuzeo funkcije navedenih glagolskih vremena za prošlost, pa se morao tomu prilagoditi i svojim oblikom. Prvo se podijelio na dva dijela glede glagolskog aspekta, pa tako imamo *perfekt imperfektivnih glagola,* koji je preuzeo funkciju *imperfekta* i *perfekt perfektivnih glagola,* koji je preuzeo funkciju *aorista*. Perfekt perfektivnih glagola upotrebljavamo za izražavanje općeg prošlog vremena, npr. *Drug je njegov pobjegao kroz dvorište u baštu,* ali i perfekt imperfektivnih glagola, npr. *A potomci njegovi rado su za sabljom posezali* (Katičić, 1991., str. 55.). Kad je riječ o neutraliziranoj opreci po gotovosti, perfekt imperfektivnih glagola se može zamijeniti imperfektom, npr. *Seljake je prikazivao/prikazivaše bez folklorističkih detalja,* a perfekt perfektivnih glagola aoristom, npr. *Još nisu ni most položili/Još ni most ne položiše,* kao i historijskim prezentom kad je riječ o priopćavanju prošlih događaja, npr. *Još ni most ne polože* (Skupina autora, 1997., str. 412.).

2.4.1.2. Aoristna i perfektna funkcija perfekta perfektivnih glagola

Problem je nastao kada je trebalo razlikovati *aoristnu* od *perfektne funkcije* kod *perfektivnih glagola,* pa se taj problem riješio pomoću značenja glagola od kojih je nastao, načina tvorbe, odnosa s drugim glagolskim vremenima, od kojih je najzanimljiviji odnos perfekta prema prezentu, itd. Naime, kada govorimo o perfektnom značenju perfekta perfektivnih glagola i aoristnom značenju perfekta perfektivnih glagola, *perfekt perfektivnih glagola* izražava radnju koja je trajala u prošlosti, ali koja se nastavlja u sadašnjosti, dakle ima dvojako značenje – značenje prošlosti i sadašnjosti, pa možemo govoriti o *nedovršenosti* radnje (Josip Silić, prema Filipović, 1987., str. 15. – 17.).

Aorist perfektivnih glagola izražava radnju koja je završila u prošlosti i nema nikakve veze sa sadašnjošću, pa možemo govoriti o *dovršenosti* radnje (Silić, prema Filipović, 1987., str. 17.). Da bismo uspješno razlikovali perfektno značenje perfekta perfektivnih glagola i aoristno značenje perfekta perfektivnih glagola, moramo znati što je *inkoativnost*, a što *ingresivnost* glagolske radnje. Govoreći o inkoativnosti, odnosno ingresivnosti glagolske radnje, treba znati da u oba slučaja upotrebljavamo *perfektivne glagole*. I inkoativni i ingresivni glagoli izražavaju početnu radnju, ali razlika je samo da je u slučaju *inkoativnih glagola* riječ o radnji *koja nije završena svojim početkom*, pa izražavaju *perfektno značenje perfekta perfektivnih glagola*, npr. *Nije odgovorila, samo je zarinula zube u donju usnu, tako da se nije znalo boji li se slika... Zarumenila se još jače i stala žustro listati* (u ovoj rečenici vidimo perfektno značenje perfekta perfektivnog glagola koji je nastao od pridjeva). Često se uz perfektno značenje perfekta perfektivnih glagola koji su nastali od pridjeva javljaju prilozi koji pojačavaju intenzivnost : *vrlo, jako, strašno*, itd. (Silić, prema Filipović, str. 17. – 24.). U tom slučaju nije moguće govoriti o aoristnom značenju perfekta perfektivnih glagola, npr. *Strašno je problijedio*. U slučaju *ingresivnih glagola* radnja je *završena svojim početkom*, pa izražavaju *aoristno značenje perfekta perfektivnih glagola*, npr. *Zbogom gossspodine! – jedva je zaustila dahom bez glasa, i povukavši se u stranu zakoračila brzo niza stepenice pa krenula vrtnom stazom drobeći stari šljunak onim smiješnim bakandžama* (Silić, prema Filipović, 1987., str. 25.)

Da bismo znali da je riječ o inkoativnom, odnosno prefektnom značenju perfekta perfektivnih glagola, trebamo razmotriti njegov odnos s prezentom istog glagola, koji može doći s nekim od vremenskih priloga za sadašnjost, npr. *Orgulje su zabrujale – (i sad) bruje (zvukom čudnim)*. Perfektim značenjem perfekta perfektivnih glagola izražava se „kvalitativno stanje predmeta" u prošlosti, ali u uskoj vezi sa sadašnjošću, što se može izraziti glagolima koji imaju funkciju davanja jačeg intenziteta, npr. *Madona se raspričala kao što odavno nije, i taj je govor naličio već na tihu molitvu, bilo je zamorno pratiti, kao nesuvislo buncanje u polu-snu*. U navedenom slučaju mogu se javiti određeni prilozi ili konstrukcije čija upotreba jasnije ukazuje da je riječ o kvalitativnom stanju predmeta u uskoj vezi između prošlosti i sadašnjosti, npr. *Gledaj kako se raspričala.* Kada je riječ o ingresivnom, odnosno aoristnom značenju perfekta perfektivnih glagola, prezent nije ostvariv, npr. *Vrata su zaškripala – i škripe.* (Silić, prema Filipović, 1987., str. 25.- 28.). I perfektivni glagoli govorenja (verba dicendi) imaju aoristno značenje, što se često može uočiti u didaskalijama dijaloga, npr. *Otpustio sam tu nepomičnu šalicu, odnio na stol samo žličicu i ugasio svjetlo. Ona je prestala dahtati i stala dozivati Dragu. – Nema Drage – rekao sam paleći ponovno svjetlo. – Nema je. Dajte mi šalicu, pa ćemo vidjeti šta je s njom.* Perfektno i aoristno značenje perfekta perfektivnih glagola često su u bliskom odnosu, i u tom slučaju aoristno značenje perfekta perfektivnih glagola dolazi prije značenja perfekta perfektivnih glagola, npr. *Ali odjednom, desilo se da je dječak odlučno podigao glavu i zagledao se drsko u don Kuzmino uho* (Silić,prema Filipović, 1987., str. 28.).

2.4.1.3. Perfektna i imperfektna funkcija perfekta imperfektivnih glagola

Kada govorimo o *perfektnom značenju perfekta imperfektivnih glagola* i *imperfektnom značenju perfekta imperfektivnih glagola*, prvi izražava radnju koja je u prošlosti trajala, odnosno izražava nedovršenu radnju u prošlosti koja nema veze sa sadašnjošću, a drugi izražava radnju koja je u prošlosti trajala, ponavljala se ili se događala pa prestajala, ali bez ograničenja (Silić,prema Filipović, 1987.,str. 24. 30.). Govoreći o imperfektnom značenju perfekta imperfektivnih glagola, posebice su značajni oni glagoli nastali od pridjeva i imenica, npr. *Donio sam na stolcu kekse i malo rakije. Tunina je zamirisao po burnom jutru i šumi, tresla mu se koža po obrazima i crvenjeli se i modrili nos i jagodice.* Rekli smo da *imperfektno značenje perfekta imperfektivnih glagola* izražava stalnu, nedovršenu, odnosno radnju koja se ponavljala, ili prekidala pa ponavljala, i često se uz takvo imperfektno značenje perfekta imperfektivnih glagola javljaju određene riječi kojima se upravo izražava navedeno, a to su : *stalno, neprestano, svaki dan, uvijek* , itd., što se događa kada opisujemo : prirodu, neki lik, način života toga lika, njegovo ponašanje, i sl., npr. *Fredi – idealan mladi ljubavnik. I stas i glas i ramena, ruke, noge, sve, sve je bilo divno na njemu! I kako je hodao, sjedao, prebacivao noge preko noge, lupkao cigaretom po srebrnoj dozi, pa kako ju je pripaljivao ... ne, pun je, šarma, govorile su već raskvašene u zamišljenom zagrljaju s njim* (Silić, prema Filipović, 1987., str. 29. – 30.).

2.4.2. Imperfekt

Imperfekt[2] je glagolsko vrijeme kojim se izražava radnja koja je trajala u prošlosti (Katičić, 1991., str. 56.). Imperfket uglavnom izražava apsolutnu prošlost, npr. *To bijaše onda velik događaj kakav se rijetko zbiva na kugli zemaljskoj.* Osim apsolutne prošlosti, imperfekt može izražavati relativnu prošlost, npr. *Kad se sinovac ženjaše, strica ne pitaše, a kad se razženjaše, i strinu pripitivaše* (Katičić, 1991., str. 56. – 57.).

Iako je imperfekt danas iznimno rijedak, nema ga u ragovornom jeziku i informativnim tekstovima, možemo ga susresti u književnim tekstovima gdje ima stilsku vrijednost (Skupina autora, 1997., str. 413.). Zastupljen je u sustavu glagolskih vremenā u hrvatskom jeziku, pa ipak možemo reći da nije u potpunosti nestao.

---

[2] *Imperfekt* tvorimo prezentskom ili infinitivnom osnovom i nastavcima : -h, -še, -še, -smo, -ste, -hu (Skupina autora, 1997., str.239.). Imaju ga uglavnom imperfektivni glagoli. Imperfekt glagola *pisati* glasi :

Singular:
1. *pisah*
2. *pisaše*
3. *pisaše*

Plural :
1. *pisasmo*
2. *pisaste*
3. *pisahu*

2.4.3. Aorist

Aorist[3] je glagolsko vrijeme kojim se izražava radnja koja se dogodila u prošlosti. Aorist se uglavnom upotrebljava za izražavanje apsolutne prošlosti, npr. *Pogodih čovjeka u živac* (Katičić, 1991., str. 57. – 58.). Osim apsolutne prošlosti, aoristom se može izražavati i relativna prošlost, koja se obično odnosi na budućnost, npr. *Ako nam ne pomognu, propadosmo.*Time se želi istaći da govornik vjeruje da će se ono što se izriče aoristom doista dogoditi u bliskoj budućnosti, i takav aorist se naziva *futurskim aoristom*. Kada se aorist upotrebljava za izražavanje svevremenske radnje, naziva se *sveveremenskim aoristom* (Katičić, 1992., str. 172.-173.).

Takav aorist se najčešće javlja u poslovicama, pa se još naziva *poslovičnim ili gnomskim aoristom*, npr. *Dva loša izbiše Miloša* (Katičić, 1991., str. 58.) Aorist se danas rijetko upotrebljava. Nema ga u razgovornom jeziku, niti u informativnim tekstovima, a kada se javi u književnim dijelima, stilski je obilježen. Aorist imperfektivnih glagola se rijetko upotrebljava za izražavanje prošlosti, pa za takvu upotrebu aorista kažemo da je stilski obilježena, npr. *I ja vukoh drvlje i kamenje* (Katičić, 1991., str.59.). U navedenom slučaju aorist se

---

[3] *Aorist* tvorimo infinitivnom osnovom i nastavcima : *-h, -Ø, -Ø, -smo, -ste, -še*. Imaju ga uglavnom perfektivni glagoli (Skupina autora, 1997., str. 238.). Aorist glagola *pisati* glasi :

Singular:	Plural:
1. *napisah*	1. *napisasmo*
2. *napisa*	2. *napisaste*
3. *napisa*	3. *napisaše*

podudara s imperfektom, ali se ipak razlikuje od njega po tome što ne izražava samo radnju u trajanju, nego je obuhvaća u cjelini.

2.4.3.1. Usporedba aorista i imperfekta

Iako smo naučili u školi da se aorist tvori od perfektivnih, a imperfekt od imperfektivnih glagola, u prošlosti to nije bilo tako strogo određeno. Naime, nekad se imperfekt tvorio i od perfektivnih glagola, čime se izražavala radnja koja se u prošlosti ponavljala, npr. *Lav učini, ča mu sveti Jerolin zapovida; za č s poslenikom u pašu grediše: kad se napasiše, doma ga doreneše; a lav kako no vol sino jidiše*, a (kao što smo već spomenuli) aorist se tvorio i od imperfektivnih glagola i njime se izražavala radnja koja je trajala u prošlosti neograničeno (posebice u staroslavenskim tekstovima i tekstovima starije hrvatske književnosti), npr. *Tada slišeći to ljudi činiše vratiti vaspet ženu* (Silić, prema Filipović, 1987., str. 13.).

Da bi se bolje razumio odnos navedena dva glagolska vremena, treba razlikovati *punktualnost* i *nepunktualnost* radnje, koja je uvjetovana glagolskom osnovom, odnosno glagolskim aspektom, pa se tako punktualnost izražava perfektivnim, a nepunktualnost imperfektivnim glagolima, odnosno punktualnost se izražava imperfektom perfektivnih, a nepunktualnost aoristom imperfektivnih glagola. Također, treba razlikovati *sumarnost* (ukupnost) i *nesumarnost* (neukupnost) radnje, odnosno *ponavljanje* i *neponavljanje* radnje, koje ovisi od glagolske osnove, ali i nastavka (Silić, prema Filipović, str. 1987., str.

13.). S obzirom na to da smo rekli da se imperfektom perfektivnih glagola izražava radnja koja se u prošlosti ponavljala, govorimo o *sumarnosti*, odnosno da se aoristom imperfektivnih glagola izražava radnja koja je u prošlosti trajala neograničeno, govorimo o *nesumarnosti* radnje (Silić, prema Filipović, 1987., str. 13.).

Na kraju, treba razlikovati *dovršenost* (determiniranost) i *nedovršenost* (nedeterminiranost) radnje koje također ovise od osnove i nastavaka, ali promatranih pojedinačno. Prema tome, kada je riječ o *dovršenosti izraženoj osnovom*, upotrebljavamo *imperfekt perfektivnih glagola*, a za *dovršenost izraženu nastavkom*, upotrebljavamo *aorist imperfektivnih glagola* (Silić, prema Filipović, 1987., str.14.).

Možemo reći da i kada upotrebljavamo imperfekt perfektivnih i aorist imperfektivnih glagola, govorimo o radnji u trajanju koja se u prvom slučaju izražava glagolskim vremenom, a u drugom se slučaju izražava glagolom. Dakle, trajanje je radnje nazočno i kod ponavljanja radnje, stoga je i trajanje radnje nazočno i u sumarnosti (ukupnosti) radnje. Ponovo ćemo navesti jedan primjer imperfekta perfektivnih glagola: *Predahu se i drugi otoki dalmatinski kralju Lajušu, ki sam dojde u Zadar, i Bonifac papa učini ga onde kruniti na kraljevstvo ugersko;* i aorista imperfektivnih glagola: *Stižući bodoše mnozih šćipačami, mnozih posikoše po pleću sabljami; mnozi ki lugami na konjih bižahu, sab`jeni praćemi legoše u prahu* (Silić, prema Filipović, 1987., str. 14.-15.).

Navedeni primjer aorista imperfektivnnog glagola *bodoše* moguće je zamijeniti imperfektom perfektivnog glagola *probadaše* i to upućuje na zaključak da je moguće zamjenjivati aorist imperfektivnih glagola imperfektom perfektivnih glagola, i da je to i bilo slučajem u prošlosti kada se opreka po punktualnosti zanemrila. To je također bilo razlogom da se provede ne samo spomenute dvije zamjene, nego da se nešto kasnije aorist imperfektivnih glagola zamijeni imprfektom imperfektivnih glagola, odnosno da se imperfekt perfektivnih glagola zamijeni aoristom perfektivnih glagola.

No, kada se zanemarila opreka po trajanju, a počela isticati opreka po svršenosti, počelo se aorist povezivati sa svršenošću radnje i postao je nositelj svršenosti i dovršenosti radnje, a imperfekt se počelo povezivati s nesvršenošću radnje čijim je nositeljem i postao. Kada su se u potpunosti zanemarile opreke *dovršenosti/nedovršenosti* i *sumarnosti/nesumarnosti* radnje, aorist i imperfekt su bili suprotstavljeni po opreci *svršenost/nesvršenost* radnje čime su postali nositeljima aspektualnosti glagolske radnje, i tada je prvotno shvaćanje tih dvaju glagolskih vremenā kao nositelja temporalnosti glagolske radnje u potpunosti iščezlo (Silić, prema Filipović, 1987., str. 16.-17.).

Shvaćanje aorista i imperfekta kao nositelja glagolskog aspekta, imalo je za posljedicu današnje shvaćanje tih dvaju glagolskih vremenā kao nositelja stanja, a ne vremena i stoga se danas upotrebljavaju uglavnom kada se želi postići jači stislki učinak. U ranijoj fazi hrvatskog jezika smatralo se da je aorist imperfektivnih glagola u biti imperfekt, ali navedena tvrdnja nije bila općeprihvaćena, pa se na osnovi primjera: *Ja govorih javno svijetu, ja svagda učih u zbornici i u crkvi* zaključilo da glagoli *govorih* i *učih* upućuju na zaključak da je riječ o radnji koja je završena u prošlosti. Navedena tvrdnja da aorist imperfektivnih glagola izražava radnju koja je u prošlosti trajala i završila se, dopunjena je tvrdnjom da aorist imperfektivnih glagola u biti označava završenu imperfektivnu radnju, odnosno radnju koja je trajala određeno vrijeme prije nego što je završila (Silić, prema Filipović, 1987., str. 17.).

2.4.4. Pluskvamperfekt
Pluskvamperfektom[4], *uglavnom perfektivnih glagla* se izražava gotova prošlost, npr. *Ponoć je bila odmakla.* Rjeđe se upotrebljava pluskvamperfekt imperfektivnih glagola, npr. *Njojzi beže govorio bio* (Silić, prema Filipović, 1987., str. 15.). Pluskvamperfekt perfektivnih glagola se upotrebljava i za izražavanje pretprošlosti, tj. kada

---

[4] *Plsukvamperfekt* tvorimo imperfektom ili perfektom pomoćnog glagola *biti* i glagolskim pridjevom radnim određenog glagola (Skupina autora, 1997., str. 241.). Pluskvamperfekt glagola *pisati* glasi:

Singular:
1. *bijah/bjeh/bio sam pisao*
2. *bijaše/bješe/bio si pisao*
3. *bijaše/bješe/bio je pisao*

Plural:
1. *bijasmo/bjesmo/bili smo pisali*
2. *bijaste/bjeste/bili ste pisali*
3. *bijahu/bjehu/bili su pisali*

mu se neutralizira opreka po gotovosti i ostane samo vremenska oznaka i tada izražava radnju koja se dogodila u prošlosti prije neke druge prošle radnje, npr. *Bijaše se on došuljao kao magla, sve od krošnje do krošnje, za braćom, te se sakrio među granama stare bukve* (Skupina autora, 1997., str. 414.). Kao i imperfekt i aorist, pluskvamperfekt se danas rijetko susreće, osim kada se želi postići jači stilski učinak.

2.4.5. Izražavanje prošlosti historijskim prezentom

Govoreći o prošlosti, možemo upotrijebiti i *historijski prezent*, pa tako kao što perfekt može zamijeniti aorist, imperfekt i pluskvamperfekt (ne uzimajući u obzir stilski učinak svakog od navedenih glagolskih vremenā), i *historijski prezent* može poslužiti kao zamjena navedenim glagolskim vremenima, jer izražava relativnu sadašnjost koja se odnosi na zbiljsku prošlost, pa se stoga upotrebljava kao jedno od glagolskih vremena za prošlost. Rekli smo da perfekt može zamijeniti: aorist, imperfekt, pluskvamperfekt i historijski prezent, ali pitamo se je li i suprotan proces moguć. Naime, možemo reći da je suprotan proces moguć kada se radi o historijskom prezentu i kada ne uzimamo u obzir stilski učinak, ali perfekt ne podliježe nevedenom pravilu, jer smo već rekli da bi se u tom slučaju značenje rečenice u potpunosti promijenilo. Primjerice, ako navedemo rečenicu koju majka govori gledajući u svoga sina: *Gledaj ga. Igrao se u blatu.* U navedenom primjeru govorimo o prošloj radnji, ali sa gledišta sadašnjosti, čime majka želi reći kako je sinova odjeća prljava kao posljedica njegove igre u blatu, koja se dogodila u prošlosti. Kada bismo navedenu rečenicu izrazili imperfektom umjesto perfektom, u potpunosti bi izgubila smisao, npr. *Gledaj ga. Igraše se u blatu.* Dakle, navedena rečenica izrečena imperfektom ne pokazuje živu vezu sa sadašnjošću koju je imala kada smo je izrazili perfektom (Katičić, 1992., str. 175.-176.).

Dakle, *imperfekt* i *aorist* govore o prošloj radnji, stanju ili zbivanju *u prošlosti sa gledišta prošlosti*, dok *perfekt* govori o prošloj radnji, stanju ili zbivanju *sa gledišta sadašnjosti*, tj. *gotove sadašnjosti*. To je značajna razlika između navedenih glagolskih vremenā. Isto možemo reći i za zamjenu perfekta historijskim prezentom. Izrazimo li navedenu rečenicu *historijskim prezentom* umjesto perfektom, rečenica ponovno gubi smisao, npr. *Gledaj ga. Igra se u blatu.* Izrečena na ovakav način, navedena rečenica izražava apsolutnu sadašnjost, tj. nešto što se događa sada, u ovom trenutku, dakle, dječak se igra sada i to nema nikakve veze sa prošlošću. Ako bismo navedenu rečenicu proširili, npr. *Gledaj ga što mu bi. Igra se u blatu,* mogli bismo pomisliti da historijski prezent u ovom slučaju izražava relativnu, a ne apsolutnu sadašnjost. Navedeni kontekst može sugerirati da se radi o svevremenskoj, odnosno historijskoj upotrebi prezenta, koji bi u ovom slučaju mogao zamijeniti imperfekt i aorist, ali ne i perfekt, jer nije riječ o gotovoj sadašnjosti, odnosno prošloj radnji promatranoj sa gledišta sadašnjosti (Katičić, 1992., str. 175.-178.). Spomenuli smo i pluskvamperfekt koji zamjenjuje perfekt, kada se posebno želi istaći da je riječ o gotovoj prošlosti, npr. *Bile su već procvale bajame.* Ako ne želimo posebno isticati da je riječ o gotovoj prošlosti, može se zamijeniti perfektom, odnosno izraziti relativnom gotovom sadašnjošću promatranoj sa gledišta prošlosti, npr. *Procvale su bajame ali vremena nikako da ustale* (Katičić, 1992., str. 175.-180.).

2.4.6. Izražavanje prošlosti glagolskim prilogom prošlim[5]

Važno je spomenuti i *glagolski prilog prošli ili particip perfekta I*, jer se tvori uglavnom od perfektivnih glagola i označuje radnju koja se dogodila u prošlosti prije radnje glavnoga glagola. Iako nosi naziv *glagolski prilog prošli*, upućuje na činjenicu da to nije obični prilog nego da uz osobine priloga ima i osobine glagola, po čemu je i dobio ime. Postojanje kategorije aspekta je ono po čemu ovaj prilog nosi naziv *glagolski*, pa kako postoje dva glagolska aspekta (perfektivni i imperfektivni), postoje i dva glagolska priloga: *glagolski prilog*

---

[5] *Glagolski prilog prošli* tvori se dodavanjem nastavaka *–vši ili –v* na infinitivnu osnovu, ako ista završava na nulti morfem ispred kojeg se ne nalazi samoglasnik, npr. *ginu Ø – ti*, pa tako imamo; *ginu + -vši/-vi = ginuvši/ginuv*, ili dodavanjem nastavaka *–avši ili –av* na infinitivnu osnovu koja završava na nulti morfem ispred kojeg se nalazi suglasnik, npr. *reći = reko Ø- ti = rek + -avši/-av =rekavši/rekav* (Skupina autora, 1997., str. 245.).

sadašnji (kojim se ovdje nećemo baviti jer nema veze sa prošlošću) i *glagolski prilog prošli*. Oblici glagolskog priloga prošlog na *–v* ili na *–av* zvuče zastarjelo i upotrebljavaju se kada se želi postići jači stilski učinak (Skupina autora, 1997., str. 245.). Na kraju ćemo još spomenuti dva tipa kondicionala u hrvatskom jeziku: *kondicional prvi (sadašnji)* i *kondicional drugi (prošli)*, s obzirom na to da se i oni mogu upotrijebiti za izražavanje prošlosti.

2.4.7. Izražavanje prošlosti kondicionalom prvim (sadašnjim) i kondicionalom drugim (prošlim)

Kondicionalom prvim[6] *(sadašnjim)* imperfektivnih i perfektivnih glagola se izriče moguć glagolski sadržaj u sadašnjosti koja je najčešće relativna, jer se može odnositi na svako vrijeme u kojem je moguć navedeni sadržaj, npr. *Ta kakav je krvnik ljuti / Krvio bi ovo* sreće. Međutim, kondicional prvi se može upotrijebiti s neutraliziranom oznakom načina i tada izriče ponavljanje glagolskog sadržaja u prošlosti i naziva se *iterativnim kondicionalom*. Sadašnjost izrečena iterativnim kondicionalom imperfektivnih i perfektivnih glagola je relativna i

---

[6] *Kondicional prvi (sadašnji)* tvorimo nenaglašenim oblikom aorista pomoćnog glagola *biti* i glagolskim pridjevom radnim glavnog glagola (Skupina autora, 1997., str. 244.). Kondicional prvi glagola *pisati* glasi:

Singular:	Plural:
1. *pisao/pisala bih*	1. *pisali/pisale/pisala bismo*
2. *pisao/pisala/pisalo bi*	2. *pisali/pisale/pisala biste*
3. *pisao/pisala/pisalo bi*	3. *pisali/pisale/pisala bi*

odnosi se na prošlost, npr. *Po cijele bi mi sate tumačio domaću politiku* (Katičić, 1991., str. 70.). Kondicionalom drugim[7] (prošlim) izriče se gotova sadašnjost koja je najčešće relativna, npr. *Od iznenadne bi radosti bio sada jamačno skočio s konja* (odnosi se na prošlost) (Katičić, 1991., str. 70.). Kada se neutralizira opreka po gotovosti, tada kondicional drugi označava „prošlu mogućnost glagolskog sadržaja" (Katičić, 1991., str. 70.). Kondicional drugi s neutraliziranom oprekom po gotovosti razlikuje se od kondicionala prvog „samo po izričitosti s kojom se odnosi na prošlost" i u navedenom slučaju može zamijeniti kondicional prvi, a da se značenje ne promijeni, što nije moguće kada je riječ o gotovoj sadašnjosti, i kada opreka po gotovosti nije neutralizirana, jer se kondicionalom prvim ne izriče gotova sadašnjost, npr. *Izgladnio, prozebao, isprebijan on bi bio jeo, kao kurjak* (Katičić, 1997., str. 70.).

U navedenom poglavlju smo govorili o kategoriji vremena i spomenuli važnu značajku vezanu za

---

[7] *Kondicional drugi (prošli)* tvorimo kondicionalom prvim (sadašnjim) pomoćnog glagola *biti* i glagolskim pridjevom radnim glavnog glagola (Skupina autora, 1997., str. 244.). Kondicional drugi glagola *pisati* glasi:

Singular:
1. *bio bih pisao, bila bih pisala*
2. *bio bi pisao, bila bi pisala, bilo bi pisalo*
3. *bio bi pisao, bila bi pisala, bilo bi pisalo*

Plural:
1. *bili bismo pisali, bile bismo pisale, bila bismo pisala*
2. *bili biste pisali, bile biste pisale, bila bismo pisala*
3. *bili bi pisali, bile bi pisale, bila bi pisala*

kategoriju vremena u hrvatskom jeziku, a to je kategorija gotovosti. Naime, većina ljudi uopće nije upoznata s činjenicom da postoji kategorija gotovosti, kada govorimo o trima oznakama kategorije vremena, pa im se može učiniti apsurdno da se npr. perfektom, koji je opće prošlo vrijeme, i za koji znamo da izražava prošlu radnju, može izraziti gotova sadašnjost.

Nemoguće bi bilo i pojmiti da se aoristom, kao glagolskim vremenom koje izražava svršenu radnju u prošlosti, može izraziti i budućnost ili da se prezentom kao glagolskim vremenom za sadašnjost može izraziti prošlost, itd.

Navedena predodžba triju osnovnih gramatičkih oznaka kategorija vremena po gotovosti daje precizniji prikaz kategorije vremena općenito, što je nemoguće postići uopćenim prikazom kategorije vremena sustavom glagolskih vremenā koja su karaktersitična za određenu kategoriju vremena: prezent za sadašnjost, futur prvi za budućnost, perfekt, aorist, imperfekt i pluskvamperfekt za prošlost, itd.

Predodžba kategorije vremena kategorijom gotovosti kazuje koliko je jezično bogatstvo hrvatskog jezika, i kolika je mogućnost stilskog izražavanja, pa kada želimo, npr. dočarati nešto što se dogodilo u prošlosti, imamo na raspolaganju čitavu „paletu" glagolskih vremena i mogućnosti, ovisno što želimo i kako želimo nešto opisati i koliko uvjerljivi želimo biti. Upravo ta raznolikost izražajnih mogućnosti hrvatskog jezika čini taj jezik posebnim i tjera nas da se upustimo u "igru" glagolskim vremenima i time otkrijemo koliko je naše znanje o svom jeziku i zapitamo se jesmo li doista otkrili sve tajne svoga jezika da bismo se mogli i usuditi reći da dobro poznajemo svoj jezik i da smo spremni učiti neki strani jezik. To je pitanje na koje svatko od nas treba sâm odgovoriti.

Osim kategorije gotovosti, važna osobina glagolā u hrvatskom jeziku je glagolski aspekt, kojemu smo posvetili više pozornosti, jer bez poznavanja glagolskog aspekta uopće ne možemo govoriti i baviti se glagolskim vremenima u hrvatskom jeziku. Glagolski aspekt nam omogućava da preciznije odredimo je li riječ o trajnoj ili svršenoj radnji, bilo u sadašnjosti, prošlosti ili u budućnosti. Vidjeli smo, npr. da aorist ne tvorimo isključivo od perfektivnih, nego i od imperfektivnih glagola, da perfekt tvorimo od perfektivnih i od imperfektivnih glagola, itd.

Ovo je posebice važno spomenuti, jer ćemo u sljedećem poglavlju govoriti o glagolskim vremenima za prošlost u engleskom jeziku i vidjet ćemo da je u engleskom jeziku pitanje trajne i svršene radnje, odnosno glagolskog aspekta riješeno na potpuno drugačiji način.

Na kraju možemo reći da glagolska vremena za prošlost u hrvatskom jeziku predstavljaju zanimljivo područje gramatike, posebice s obzirom na činjenicu da sva navedena glagolska vremena nisu u jednakoj mjeri bila, a nisu ni danas zastupljena u hrvatskom jeziku. Nedvojbeno je da navedena glagolska vremena za prošlost postoje u hrvatskom jeziku, za razliku od nekih drugih slavenskih jezika, npr. slovenskog, ruskog, ili makedonskog, pa iako nisu sva jednako zastupljena, daju hrvatskom jeziku jedno izražajno bogatstvo i svojevrsnu stilsku rezervu (Jonke, 1965., str. 65.).

Sad ćemo pomoću tablice prikazati kojim se sve glagolskim vremenima može izraziti prošlost u hrvatskom jeziku:

PROŠLOST U HRVATSKOM JEZIKU

PERFEKT

1. APSOLUTNA PROŠLOST SVRŠENA I NESVRŠENA → OPĆE PROŠLO VRIJEME (Perfekt s neutraliziranom oprekom po gotovosti)
2. APSOLUTNA I RELATIVNA GOTOVA SADAŠNJOST:
- Relativna gotova sadašnjost koja se odnosi na svako zamislivo vrijeme (Svevremenski/poslovični ili gnomski) perfekt
- RELATIVNA GOTOVA SADAŠNJOST KOJA SE ODNOSI NA BUDUĆNOST   (Futurski perfekt)

IMPERFEKT

1. APSOLUTNA PROŠLOST NESVRŠENA (rjeđe svršena)
2. RELATIVNA PROŠLOST

AORIST

1. APSOLUTNA PROŠLOST SVRŠENA (rjeđe nesvršena)
2. RELATIVNA PROŠLOST
- Relativna prošlost koja se odnosi na svako zamislivo vrijeme (Svevremenski/poslovični ili gnomski) Aorist
- Relativna prošlost koja se odnosi na budućnost (Futurski aorist)

PLUSKVAMPERFEKT

1. GOTOVA PROŠLOST, SVRŠENA I NESVRŠENA
2. PRETPROŠLOST SVRŠENA

HISTORIJSKI PREZENT
1. REALTIVNA SADAŠNJOST KOJA SE ODNOSI NA ZBILJSKU PROŠLOST

KONDICIONAL PRVI (SADAŠNJI)
1. RELATIVNA SADAŠNJOST SVRŠENA I NESVRŠENA KOJA SE ODNOSI NA SVAKO ZAMISLIVO VRIJEME (NAJČEŠĆE NA PROŠLOST I IZRAŽAVA PONAVLJANJE RADNJE U PROŠLOSTI → ITERATIVNI KONDICIONAL)

KONDICIONAL DRUGI (PROŠLI)
1. GOTOVA SADAŠNJOST (NAJČEŠĆE RELATIVNA) KOJA SE ODNOSI NA PROŠLOST

GLAGOLSKI PRILOG PROŠLI
1. RADNJA KOJA SE DOGODILA U PROŠLOSTI PRIJE RADNJE GLAVNOG GLAGOLA

GLAGOLSKA VREMENA ZA PROŠLOST U ENGLESKOM JEZIKU

3. GLAGOLSKA VREMENA ZA PROŠLOST U ENGLESKOM JEZIKU

U prethodnom smo poglavlju govorili o glagolima, glagolskim kategorijama i sustavu glagolskih vremenā za prošlost u hrvatskom jeziku i to prikazali pomoću tablice, a sada ćemo govoriti o glagolima i glagolskim vremenima za prošlost u engleskom jeziku.

3.1. Glagoli kao vrsta riječi u engleskom jeziku

Glagoli kao vrsta riječi zauzimaju važno mjesto i u engleskom jeziku. Možemo ih definirati kao i u hrvatskom jeziku. Važno je navesti da u engleskom jeziku postoje: „konačni" (finite) i „nekonačni" (non-finite) glagolski oblici. C.E. i J.M. Eckersley (1989.) na str. 143. – 146. Ističu da su „konačni" oni glagolski oblici koji mogu biti predikati rečenice jer mogu mijenjati oblik ovisno o glagolskom licu i pokazuju glagolsko vrijeme, npr. *am, is, are, was, were.* „Nekonačni" su oni glagolski oblici koji ne mogu biti predikati rečenice jer ne mijenjaju svoj oblik ovisno o glagolskom licu i ne pokazuju glagolsko vrijeme, to su: *participi* i *glagolske imenice* (gerundi), npr. *broken, being, playing,* itd.

Za glagole u engleskom jeziku se može reći da imaju četiri "infleksijska" oblika, npr. *play, plays, played i playing.* Neki glagoli mogu imati pet „infleksijskih" oblika (nepravilni glagoli), što predstavlja vrhunac broja "infleksijskih" oblika, npr.

know, knows, knew, known i *knowing*. Neki glagoli imaju samo tri „infleksijska oblika", npr. *set, sets* i *setting*; neki dva, npr. *will* i *would*; a neki samo jedan, npr. *ought to*. Svaki glagol u engleskom jeziku mora imati tri osnovna oblika i to: *infinitiv* (Infinitive) ili *obično sadašnje vrijeme* (Simple Present Tense), *opće prošlo vrijeme* (Simple Past Tense) i *particip prošli* (The Past Participle), od kojih nastaju svi drugi oblici, npr. *sadašnje trajno vrijeme* (Present Continuous Tense), *prošlo trajno vrijeme* (Past Continuous Tense), itd. Dakle, bitno je da većina glagola može biti upotrijebljena ne samo u „običnim" (simple), nego i u „trajnim" (continuous) glagolskim vremenima. Također, svi glagoli u engleskom jeziku se mogu podijeliti na dvije osnovne vrste: *pravilne glagole* (Regular Verbs) i *nepravilne glagole* (Irregular Verbs). *Pravilni glagoli* su oni glagoli koji tvore opće prošlo vrijeme (Simple Past Tense) i particip prošli (The Past Participle) nastavcima *–ed* ili *–d* koji se dodaju na infinitivnu osnovu, npr. *play* + *-ed* = *played. Nepravilni* su oni glagoli za koje ne vrijedi navedeno pravilo, nego imaju posebne oblike za navedeno glagolsko vrijeme i navedeni particip, npr. *break* (Infinitive), *broke* (Simple Past Tense), *broken* (The Past Participle).

Dakle, nema jedinstvenog pravila tvorbe nepravilnih glagola u engleskom jeziku, nego svaki ima svoje specifične oblike za *opće prošlo vrijeme* (Simple Past Tense) i *particip prošli* (The Past Participle).

3.2. Izražavanje vremenskih odnosa u engleskom jeziku

Naveli smo što su glagoli kao vrsta riječi u engleskom jeziku i spomenuli njihove najvažnije osobine, a sada ćemo vidjeti na koji način engleski jezik izražava vremenske odnose. Naime, tri vremenske oznake kategorije vremena predstavljene trima apsolutnim glagolskim vremenima moguće je odrediti samo u odnosu na vrijeme odvijanja govornog čina, npr. uzmimo rečenicu: *I`ll take the garbage can out*. Događaj opisan u navedenoj rečenici locira se u budućnost, dakle, *iznijet ću košaru sa smećem van*, što vidimo kao budućnost, nešto što ćemo učiniti govoreći u sadašnjosti. Sada ćemo navesti primjere upotrebe relativnh glagolskih vremenā, primjerice u izrazu *the day before yesterday (prekjučer)* vremenska referenca je *yesterday (jučer)* i smještena je u prošlost relativno, što znači da *prekjučer* vidimo kao dan koji prethodi jučerašnjem danu. U izrazu *the day after tomorrow (prekosutra)*, *tomorrow (sutra)* je vremenska referenca smještena relativno u budućnost, što znači da *prekosutra* vidimo kao dan koji slijedi nakon sutrašnjeg dana. U engleskom jeziku postoji nekoliko glagolskih vremena za prošlost kojima se može izraziti vrijeme koje prethodi prošlom, sadašnjem ili budućem vremenu, odnosno vrijeme koje slijedi nakon prošlog, sadašnjeg ili budućeg vremena. Kada je riječ o „vremenu prije" u engleskom jeziku upotrebljavamo glagolska vremena za prošlost koja izražavaju radnju koja prethodi referentnom vremenu, odnosno vremenu govora. *Referentno vrijeme* može biti: sadašnje, prošlo ili buduće, npr. *The train has just left, The train had just left, The train will have left by the time we get there.* U prvoj rečenici smo upotrijebili „perfekt sadašnji" (Present Perfect Tense), pa kako navedeno glagolsko vrijeme izražava prošlu radnju s poljedicama, odnosno rezultatima u sadašnjosti, referentno vrijeme je *sadašnjost.* U drugoj rečenici imamo „perfekt prošli" (Past Perfect Tense) koji izražava prošlu radnju koja se dogodila prije neke druge prošle radnje, pa je referentno vrijeme *prošlost* i u trećoj rečnici imamo *buduće svršeno vrijeme* (Future Perfect Tense), koje izražava radnju koja će se završiti do određenog trenutka u budućnosti, pa je referentno vrijeme *budućnost.* Kada je riječ o „vremenu poslije" u engleskom jeziku, ono dolazi poslije referentnog vremena i može se izraziti različitim konstrukcijama, npr. *be going to* ili *be about to*, npr. *I am going to leave this week, I was going to leave this week, Now, I`ll be going to leave this week.* U prvoj rečenici upotrijebili smo *be going to + Infinitive* konstrukciju koju inače upotrebljavamo kada govorimo o svojim namjerama u budućnosti ili kada smo sigurni da će se nešto dogoditi u budućnosti (Radden, 1989., str. 183. – 184.).

U prvoj rečenici navedena konstrukcija upotrijebljena je za izražavanje sadašnjeg „vremena poslije," jer u sadašnjosti govorimo da ćemo otići u ovom tjednu, dakle, to je još uvijek sadašnjost, samo što govorimo o svojoj namjeri u budućnosti, tj.

namjeravamo se odseliti. U drugoj rečenici smo upotrijebili *was going to* + *infinitive* konstrukciju koju upotrebljavamo slično kao i prethodnu konstrukciju, samo što u ovom slučaju govorimo što smo namjeravali učiniti u prošlosti, a ne u sadašnjosti, pa je i u ovom slučaju navedena konstrukcija upotrijebljena za izražavanje prošlog „vremena poslije". U trećoj rečenici smo upotrijebili buduće trajno vrijeme (Future Continuous Tense) koje upotrebljavamo za izražavanje radnje koja će trajati u određenom trenutku u budućnosti, pa je navedeno glagolsko vrijeme u trećoj rečenici upotrijebljeno za izražavanje budućeg „vremena poslije" (Radden, 1989., str. 185.).

Glagolsko vrijeme u engleskom jeziku određuje i o kakvoj je radnji riječ (aktivnoj ili pasivnoj), o načinu vršenja radnje (je li riječ o želji, zapovijedi, itd.) i na kraju, određuje glagolski aspekt, pa možemo reći da je *glagolsko vrijeme* u engleskom jeziku najznačajnija kategorija (Wolf Paprotte, 1986., str. 447.). Vidjeli smo da je glagolski aspekt jedna od najvažnijih glagolskih kategorija u hrvatskom jeziku, pa se postavlja pitanje kako engleski jezik rješava navedeni problem, jer je sasvim razumljivo da i u engleskom jeziku postoji razlika između trajne i svršene glagolske radnje.

U sljedećem poglavlju ćemo se baviti aspektom u engleskom jeziku i vidjet ćemo da su podijeljena mišljenja glede postojanja glagolskog aspekta u engleskom jeziku. Naime, neki znanstvenici negiraju postojanje glagolskog aspekta, dok drugi smatraju da aspekt kao glagolska kategorija postoji u engleskom jeziku.

3.3. Aspekt u engleskom jeziku

U ovoj ćemo se raspravi pretežno oslanjati na Riđanovićev rad (1976.). O problemu glagolskog aspekta u engleskom jeziku pisao je nizozemski znanstvenik Zandvoort (prema Riđanović, 1976.), koji je dao negativan odgovor, odnosno smatrao je da aspekt kao glagolska kategorija ne postoji u engleskom jeziku unatoč otkrićima nekih njegovih kolega koji su uočili neke „regularne formalne kategorije" koje izražavaju razliku između durativnih i punktualnih glagola što su nazvali „proširenim oblicima" glagola *be* + *-ing* u usporedbi s „jednostavnim oblicima". Zandvoort je smatrao da se navedeno otkriće u potpunosti ne podudara sa značenjem glagolskog aspekta u slavenskim jezicima i da se ne može smatrati potvrdom aspekta kao glagolske kategorije u engleskom jeziku (Riđanović, 1976., str. 19.). Naime, smatra se da je unatoč Zandvoortovoj tvrdnji o nepostojanju aspekta kao glagolske kategorije u engleskom jeziku, stvarnost potpuno drugačija i da je aspekt kao glagolska kategorija puno bolje izražen u engleskom nego u drugim jezicima, uključujući slavenske jezike. Riđanović (1976.) na str. 20. ističe da u engleskom jeziku moraju postojati barem dva glagolska aspekta da bi se moglo govoriti da navedeni jezik ima aspekt kao značajnu osobinu svoje morfologije. Navedeno možemo potvrditi usporedimo li „jednostavni oblik" i *be + -ing*, primjerice *običnog sadašnjeg vremena* (Simple Present Tense): *I take* i *be + -ing oblik* (Present Continuous Tense): *I am taking*, ili *pasiva običnog sadašnjeg vremena* (Simple Present Tense Passive): *I am taken* i *be + -ing pasiva* (Present Continuous Tense Passive) *I am being taken*, itd. Dakle, *be + -ing* oblik se smatra glavnim kriterijem razlikovanja glagolskog aspekta, jer se navedeni oblik može upotrijebiti za skoro sva glagolska vremena u engleskom jeziku kao i njegov „jednostavni oblik", pa tako izražavaju istu radnju u smislu je li radnja prošla, sadašnja ili buduća, samo se razlikuju u trajanju radnje, tj. vidimo li radnju kao svršenu ili nesvršenu u određenom trenutku u prošlosti, sadašnjosti ili budućnosti. Za razliku od većine europskih znanstvenika, čiji je i Zandvoort jedan od predstavnika, koji se ne slažu s tvrdnjom da se *be + -ing* oblici smatraju sredstvom razlikovanja glagolskog aspekta, nego ih nazivaju „proširenim" ili „trajnim" vremenima, američki jezikoslovci sredstvom razlikovanja glagolskog aspekta ne smatraju samo strukture *be + -ing*, nego i one s *have + -en*, tj. „perfektivne oblike glagola", npr. *I have helped.*

No, neki američki jezikoslovci (posebice Joos) (prema Riđanović, 1976.) ne slažu se sa navedenom tvrdnjom, te samo oblicima s *be + -ing* i „jednostavnim oblicima" pripisuju svojstvo razlikovanja glagolskog aspekta, dok to svojstvo negiraju „perfektu" i nazivaju ga „fazom". Ipak,

„perfekt" u engleskom jeziku zadovoljava neke kriterije koji mu omogućavaju da ga se smatra sredstvom razlikovanja glagolskog aspekta. Primjerice,u engleskom jeziku postoje dva oblika navedenog glagolskog vremena i to su: *opće prošlo vrijeme* (Preterit/Simple Past Tense) i *prošlo trajno vrijeme* (Past Continuous Tense), od kojih oba izražavaju radnju koja se dogodila u određeno vrijeme u prošlosti, samo je razlika u trajanju radnje, pa tako *opće prošlo vrijeme* (Simple Past Tense) izražava radnju koja je završila u određeno vrijeme u prošlosti i nema nikakve veze sa sadašnjošću, a *prošlo trajno vrijeme* (Past Continuous Tense) izražava radnju koja je trajala, odnosno dvije radnje koje su vršene paralelno u određeno vrijeme u prošlosti.

Riđanović (1976.) na str. 21. – 22. također ističe da sve navedeno upućuje na zaključak da se može govoriti o glagolskom aspektu u engleskom jeziku kada je riječ o *općem prošlom vremenu* (Simple Past Tense) i *prošlom trajnom vremenu* (Past Continuous Tense), jer je riječ o radnji koja se dogodila, ili događala u određeno vrijeme u prošlosti. Ali, navedeno se ne može reći kada je riječ o „perfektu sadašnjem" (Present Perfect Tense), jer u tom slučaju naše percipiranje, odnosno viđenje radnje nije isto. Primjerice, kada kažemo: *I saw that* (Simple Past Tense), znači da smo nešto vidjeli u prošlosti i točno znamo kada se to dogodilo i to je završeno, odnosno nema nikakve veze sa sadašnjošću. Ali, kada kažemo: *I have seen that* (Present Perfect

Tense), to znači da smo nešto vidjeli nedavno i sada znamo o čemu je riječ, tj. posljedice prošle radnje su vidljive u sadašnjosti.

Dakle, možemo se složiti s tvrdnjom da oblici: *be+-ing* i „jednostavni oblici" imaju svojstvo razlikovanja glagolskog aspekta, jer prvi ukazuju na trajanje radnje, a drugi na izvršenost radnje. Također se možemo složiti s tvrdnjom da se „perfektu" u engleskom jeziku mogu pripisati svojstva glagolskog aspekta, jer postoje dva oblika navedenog glagolskog vremena u engleskom jeziku (*Simple Past Tense* i *Past Continuous Tense*) čija upotreba ukazuje je li riječ o trajnoj ili svršenoj radnji u prošlosti koja nema nikakve veze sa sadašnjošću, dok upotreba „perfekta sadašnjeg" (Present Perfect Tense) ukazuje da je riječ o prošloj radnji koja se proteže do sadašnjosti, dakle ne znamo je li radnja završila u sadašnjosti ili nije.

Govoreći o nekim ranijim shvaćanjima problema vezanih uz glagolski aspekt u engleskom jeziku, značajno je spomenuti kako su *neogramatičari* shvaćali navedeni problem počevši od Streitbergovog članka o glagolskom aspektu u germanskim jezicima čime se poslužio i njemački jezikoslovac Deutschbein (prema Riđanović, 1976.), koji glagolski aspekt naziva „Die Aktionsarten". Deutschbein smatra da u engleskom jeziku postoji sedam glagolskih aspekata: *iterativni, frekventivni, intenzivni, perfektivni* i *imperfektivni* i *kauzativni* (*uzročni*). Dvadeset godina kasnije u svom članku jasno pravi razliku između aspekata i

„Aktionsarten" i smatra da u jeziku mogu postojati samo dva aspekta i bezbroj „Aktionsarten". Smatra da je engleski iznimka u tom pravilu, jer ima tri aspekta: prospektivni (*I am going to wash it*), introspektivni (*I am washing it*) i retrospektivni (*I have washed it*). Sva tri navedena aspekta imaju veze sa sadašnjošću, ali ne na isti način. Naime, u rečenici: *I am going to wash it*, riječ je o nečemu što govorimo u sadašnjosti, a odnosi se na budućnost, dakle, u sadašnjosti govorim da namjeravam nešto oprati u budućnosti, ali ne mora značiti da ću to i učiniti. U drugoj rečenici: *I am washing it*, riječ je o radnji koja se događa u trenutku govora (ali ne mora), dakle, upravo sada perem nešto ili sam nešto počela prati prije, perem sada i još ću nastaviti prati neko vrijeme, ili ako upotrijebimo vremensku oznaku za budućnost, npr. *I am washing it tomorrow*, u sadašnjosti sam odlučila da ću sigurno oprati nešto sutra. U trećoj rečenici: *I have washed* imamo radnju koja se dogodila u prošlosti, dakle, oprala sam nešto i sad su posljedice te radnje vidljive u sadašnjosti, npr. odjeća je čista.

Stukturalisti smatraju da se kategorija glagolskog aspekta, koji izvorno potječe od slavenskih jezika, ne može pripisati engleskom jeziku. Sweet smatra da su glagolska vremena koja imaju *-ing* oblik „definitna" vremena, a ostala su „indefinitivna" vremena. „Indefinitnim" ih naziva jer smatra da takva glagolska vremena nisu precizna kada je riječ o vremenu odvijanja glagolske radnje, pa tako, npr. *obično sadašnje vrijeme* (Simpe

Present Tense): *I play* na neki način podrazmijeva vremenski raspon od prošlosti do budućnosti, dok „definitna" glagolska vremena precizno naznačuju vrijeme odvijanja glagolske radnje, npr. *sadašnje trajno vrijeme* (Present Continuous Tense): *I am playing* točno naznačuje da se radnja odvija u trenutku govora, tj. sada.

Riđanović (1976.) na str. 24. – 30. ističe Jespersenovo gledište da osnovno značenje „trajnih" vremena, odnosno *-ing* oblika potječe iz njihovog povijesnog podrijetla, tj. srednjoengleske kombinacije *be on* + glagolski nastavak *-inge*. Time objašnjava da oblik *sadašnjeg trajnog vremena* (Present Continuous Tense): *I am playing* u suvremenom engleskom jeziku zapravo potječe iz srednjoengleskog perioda: *I am on playinge* pomoću prijelaznog oblika *I am a-playing* , gdje se *on* pojavljuje kao *a* koje kasnije nestaje da bi nastao suvremeni oblik: *I am playing.* Svoju tvrdnju potkrepljuje usporedbom između: *He is a-playing* i suvremenih oblika: *He is asleep/ashore* i čestom upotrebom prijedloga *of* u ranoengleskom periodu poslije proširenog oblika prijelaznog glagola i prije objekta tog glagola, npr. *Are you crossing of your selfe?*

Potvrdu svojoj tvrdnji nalazi i u čestoj upotrebi pasiva (što bi sad bilo zamijenjeno aktivom) u ranoengleskom periodu (koja još uvijek postoji), npr. U: *There is some ill a bruing towards my rest* (Shakespeare), ili u idiomu: *Nothing doing*, ili u frazama: *Something is owing or wanting*, itd.

Zanimljivo je da je Jespersenovo tumačenje historijskog podrijetla „trajnih" vremena u engleskom jeziku bilo izazovom mnogim jezikoslovcima nakon njega. Njegovo tumačenje sintaktičke funkcije i značenja tih „trajnih" vremenā u engleskom jeziku poznato kao „teorija vremenskog okvira" nije pobijeno do danas. Njegova teorija je bila podlogom mnogim kasnijim sličnim analizama od kojih ćemo spomenuti neke. Primjerice, prema jednoj analizi koju je proveo Brusendorff, Jespersonov učenik, „trajna" vremena u engleskom jezku sadrže „relativni aspekt" glagola. Brusendorff kritizira Jespersonovo tumačenje da „trajna" vremena prvenstveno izražavaju trajanje radnje i ističe da je neka druga vrsta aktivnosti ili vremenski period u kojemu se ta aktivnost odvija mnogo važniji od trajanja radnje. Da bi potkrijepio svoju tvrdnju, daje primjere „kratkih činova" koji uzrokuju „trajna" vremena. Predlaže da umjesto grafičkog prikaza – dviju radnji unutar „teorije vremenskog okvira", pri čemu je jedna od njih izražena „trajnim" vremenom, bude upotrijebljen grafički prikaz =. Prema tome, razlika između rečenica: *When I entered the room, he followed me* i *When I entered the room, he was following me*, je u tomu da smo u prvoj rečenici upotrijebili *opće prošlo vrijeme* (Simple Past Tense) kojim izražavamo da su se dvije radnje vršile postupno, tj. prvo jedna pa druga radnja, dok smo u drugoj rečenici upotrijebili *prošlo trajno vrijeme* (Past Continuous Tense) kojim izražavamo da su se dvije radnje vršile istovremeno i da je jedna radnja ovisila o drugoj. Međusoban odnos dviju radnji ne mora doći do izražaja jedino kada jednu radnju promatramo u odnosu na drugu, nego i u odnosu na „eksplicitni ili implicitni vremenski period", ili u odnosu na „psihološku pozadinu" gledišta jedne osobe u odnosu na drugu. Riđanović (1976.) na str. 31. – 32. kaže da je drugu značajnu analizu Jespersenove teorije napisao drugi Jespersenov učenik, Bodelsen. Za Bodelsenovu analizu se kaže da je mnogo prikladnija iako je jednostavnija od svih prethodnih. Bodelsen smatra da je razlika između „običnih" i „trajnih" glagolskih vremena u tomu da „obična" vremena izražavaju ili stanje stvari (npr. događaje, posljedice nekih radnji), ili neku uobičajenu radnju ili nešto što vrijedi općenito govoreći, dok „trajna" vremena izražavaju upravo samu radnju. Navedena tvrdnja se pokazala učinkovitom, pa je čak potvrđena u jednom empirijskom istraživanju dvadeset i pet godina kasnije. Ipak, smatra se da je navedena Bodelsenova analiza dosta subjektivnog karaktera, jer se temelji na subjektivnom poimanju pojmova kao što su: „činjenično stanje", „događaj" i „opisivanje radnje". Bodelsen ističe da u primjeru rečenice koju mađioničar izgovara kad izvodi neki trik pred publikom: *Observe, gentlemen, I put this card into the hat*, „obično" glagolsko vrijeme izražava činjenično stanje, a ne opisuje radnju. Kada bi bila riječ o opisivanju radnje, upotrijebili bismo „trajno" glagolsko vrijeme: *I am putting*, što nije slučajem, jer mađioničar ne želi da ljudi vide kako on izvodi svoj trik. Smatralo se da relativno trajanje radnje, posebice ako je riječ o radnji koja se događa u rasponu između dviju krajnjih točaka, ili u odnosu na neku srednju točku, podrazumijeva upotrebu „trajnih" glagolskih vremena. No, ipak, u nekim primjerima koje navodi Bodelsen zamjećujemo odstupanje od navedenog pravila, primjerice, u navedenom ulomku: *After dinner, when we were sitting (action) by the fire, and I was meditating (action) an escape to Pegotty.. a coach drove up (event) to the garden-gate, and we went out (event) to receive the visitor. My mother followed (event) him. I was timidly following (action) her, when she turned round (event) at the parlor door, in the dusk, and...whispered (event) this hurriedly; and, outting out her hand behind her, held (event) mine in it, until we come (event) near where he was standing (action) in the garden, where she let (event) mine go, and drew (event) hers through his arm* (Riđanović, 1976., str. 32.).

Iz navedenog ulomka ćemo izdvojiti dva primjera u kojima ćemo vidjeti proturječno tumačenje samog Bodelsena, primjerice u rečenici: *...she held mine in it...*, očito je da je riječ o trajnoj radnji koja je ograničena prethodnom rečenicom: *...putting out her hand behind her...*, i rečenicom koja slijedi nakon nje: *...until we came...*, ali ipak je naznačeno u zagradi da je riječ o događaju i autor je upotrijebio „obično" a ne „trajno" glagolsko vrijeme, jer je htio istaći događaj, a ne opisati radnju. Spomenut ćemo još jednu analizu upotrebe „trajnih" glagolskih vremena koju je proveo Ota u sklopu strukturalističkog istraživanja glagolskih vremenā i aspekta u engleskom jeziku. Otino tumačenje se u mnogome podudara s tumačenjem njegovih prethodnika (posebice Bodelsena). Međutim, on smatra da je glavna značajka „trajnih" glagolskih vremena izražavanje „procesa".

Smatralo se da navedena glagolska vremena ne izražavaju samo radnju, nego radnju u procesu događanja na nekom mjestu ili tijekom nekog određenog vremena. Prema Otinom mišljenju, proces predstavlja „radnju koja se zbiva" umjesto „zbivanja radnje," što je u osnovi značenja „običnih" glagolskih vremena i podrazumijeva: nedovršenost, trajanje, istovremenost, stalnu promjenu, itd. Ne smatra se da su svi navedeni čimbenici stalno prisutni kod „trajnih glagolskih vremena u engleskom jeziku, nego variraju ovisno o leksičkom značenju glagola i kontekstu. Ota predlaže dvije vrste glagola koji predstavljaju osnovnu dihotomiju kada je riječ o „trajnim" glagolskim vremenima a to su: *stativni* i *aktivni* glagoli. Kao što im i samo ime kaže, stativni glagoli izražavaju stanje i rijetko se vezuju uz „trajna" glagolska vremena, dok aktivni glagoli izražavaju radnju pa se javljaju uz „trajna" glagolska vremena i mogu se dalje klasificirati ovisno o značenju koje nose (Riđanović, 1976., str. 33. – 34.).

Govoreći o nekim novijim shvaćanjima aspekta u engleskom jeziku, zanimljivo je spomenuti pravilo koje Chomsky iznosi u svojem iznimno poznatom djelu: *Aspects od the Theory of Syntax*, a to je: Aux →

Tense (M) (Aspect). U navedenom pravilu *Aux* predstavlja prvi najvažniji član predikatne faze, dok je drugi *VP* (glagolska fraza). Također, ističe se da aspekt može biti *perfektivni* i *imperfektivni*, što bi se slagalo s ranije spomenutom tvrdnjom o opcionalnim sastavnicama pomoćnog glagola i to su: *have + en* i *be+-ing*.

Općenito govoreći o aspektu u engleskom jeziku, možemo reći da se aspekt povezuje s glagolima i glagolskim frazama. Neki smatraju da se aspekt, iako u nešto manjoj mjeri, povezuje s kategorijama koje nisu glagoli u pravom smislu riječi, ali su sadržali neke osobine glagola, npr. infinitiv, particip i gerund (glagolska imenica). Lakoff je predložio da se pridjevi smatraju glagolima u dubinskoj strukturi s oznakom *(+ Adj)*, što je umnogome produbilo dotadašnja shvaćanja aspekta u engleskom jeziku.

Aspekt je smatran neizostavnom osobinom i glagola i pridjeva, npr. *He jokes; He is/was joking; He has/had been joking* i *He is funny, He is/was being funny; He has/had been being funny*. Ovdje bismo se mogli zapitati zadržavaju li pridjevi osobine aspekta i u drugim slučajevima osim kada su predikati u površinskoj strukturi. Također, mogli bismo se zapitati koje osobine aspekta ostaju zadržane kod „trajnih" glagolskih vremena kada dođe do poimeničenja ili popridjevljenja glagola.

Naime, infintiv i gerund su često rezultatima poimeničenja i zadržavaju osobine aspekta, npr. *He was working on the paper during my entire visit* (konačni glagol) i *For him to be working/His working on the paper during my entire visit was rather tactless, I thought (but His work on the paper during my entire visit was rather tactless, I thought)*. Gerund u primjeru *his working* ne znači uvjek da je riječ o trajanju radnje, jer smo kazali da gerund može biti rezultatom poimeničenja glagola koji ne mogu biti upotrijebljeni za izražavanje trajanja radnje kao u primjeru *his work*. Jedini slučaj poimeničenja kada glagol uvijek sadrži aspekt je *trajni infinitiv* kao u primjeru *for him to be working*. Stoga, možemo reći da infinitiv, kada uza se ima odgovarajuću oznaku, uvijek zadržava osobine aspekta „konačnog glagolskog oblika", dok navedeno vrijedi za gerund samo kada se uz njega javlja dodatni kontekst. Less, također, navodi primjere u kojima tvrdi da gerund ima osobine trajnog aspekta. Tvrdi da postoje dvije vrste gerunda u različitim kontekstima, ali i dva značenja kada je riječ o –*ing* poimeničenju „konačnih glagolskih oblika", pa se tako jedno značenje odnosi na radnju opisanu glagolom, a drugo na činjenicu vezanu za značenje glagola. Kada je riječ o prijelaznim glagolima, gerund izražava radnju i tada je neophodan prijedlog (*of* ili neki kojim „upravlja" glagol) koji dolazi ispred objekta, npr. *His looking at the house...* i *His drawing of the picture...* (Riđanović, 1976., str. 36.).

Ako gerund ne izražava radnju nego činjenicu, tada se prijedlog *of* izostavlja, npr. *His drawing the picture was a big surprise to us* (Riđanović, 1976., str.37.) Prijedlog *of* se još izostavlja kod gerunda koji ne izražava radnju pri čemu dolazi do izražaja nejgovo nepodudaranje s glagolima koji ne izražavaju radnju i koje Lees naziva „srednji glagoli", npr. *His having of a hat...* i *His believing of it...*

Znamo da samo glagoli koji izražavaju radnju, npr. *I am studying*, mogu biti upotrijebljeni u „trajnim" glagolskim vremenima, dok glagoli koji izražavaju stanje ne mogu biti upotrijebljeni u „trajnim" glagolskim vremenima, pa tako ne možemo reći, npr. *I am believing*, nego samo *I believe*. Prema tome, trajni aspekt mogu imati samo gerundi koji izražavaju radnju, npr. *The pencil broke in the middle of his drawing of that picture.* U navedenoj rečenici gerund *drawing* ima trajni aspekt i predstavlja „okvir" trenutnog događaja. Kada bismo izostavili drugi prijedlog *of* u *his drawing of that picture*, rečenica ne bi bila gramatički ispravna i u tom slučaju gerund ne bi izražavao radnju, nego bi predstavljao „činjenicu" koja ne može imati osobine trajnog aspekta.

Sada ćemo navesti nekoliko primjera u kojima se oblici na *–ing* upotrebljavaju kao *prilozi* i u kojim slučajevima imaju *osobine trajnog aspekta*. Postoje četiri vrste oblika na *–ing* koji imaju priložno značenje s osobinama trajnog aspekta. Prvu vrstu predstavljaju *participi sadašnji* koje susrećemo u frazama poput: *a passing train, a falling star*, itd. Participi sadašnji upotrijebljeni u navedenim frazama imaju trajni aspekt, jer kada upotrijebimo frazu *a passing train*, riječ je o vlaku koji *uvijek ide*, a ne samo povremeno. Drugu vrstu čine participi koji mogu, ali ne moraju imati trajni aspekt, npr. u frazi *a barking dog*, što se i ne može u biti smatrati pravim primjerom, jer može značiti da je riječ o procesu lajanja psa ili da je lajanje nešto što pas radi uobičajeno. Ipak, znamo da je riječ o participima koji imaju priložno, a ne pridjevno značenje po tomu što im ne možemo još više istaknuti značenje prilogom *very*, tj. ne možemo reći *a very barking dog*. Međutim, ako je riječ o radnji koja se ponavlja, ne povremeno nego stalno, tako da postaje osobinom predmeta na koji se odnosi, tada particip postaje pridjevom i gubi sve osobine trajnog aspekta, npr. *a very charming lady* i takvi participi čine treću od navedene četiri vrste participa o kojima ćemo govoriti. Četvrtu vrstu participa predstavljaju oblici na –*ing* za koje izvorni govornik ne smatra da su povezani s trajnim aspektom na bilo koji način, npr. *printing business* (Riđanović, 1976., str. 38. – 42.).

No, kada je riječ o pravim pridjevima koji se javljaju na drugim mjestima osim kao predikati u površinskoj strukturi, možemo reći da se ponašaju kao pravi glagoli kada se pomoćni glagol *be* zadrži u površinskoj strukturi, npr. *For him to be being funny all the time while the professor was there was rather tactless, I thought.*

Riđanović (1976.) na str. 44. – 49. ističe da ako pomoćni glagol *be* nestane iz površinske strukture, pri čemu često dolazi do toga da se pridjevi poprilože, više ne možemo govoriti ni o kakvim osobinama trajnog aspekta. Neke imenice također mogu imati aspekt, npr. *He is being a brat*. Pomoćni glagol *be* ukazuje da je riječ o *sadašnjem trajnom vremenu* (Present Continuous Tense), što karakterizira samo imenicu *brat*. Dakle, riječ je o tomu da se netko ponaša kao *derište* što predstavljamo trajnim aspektom u sadašnjem trenutku, odnosno u trenutku govora. Međutim, sve imenice nemaju trajni aspekt, što nas navodi da ih podijelimo u dvije vrste ovisno izražavaju li radnju ili stanje. To nas navodi na zaključak da su: imenice, glagoli i pridjevi slični u dubinskoj strukturi.

Navest ćemo primjere razlike koje navodi Lakoff (prema Riđanović, 1976.) između imenica koje izražavaju stanje i imenica koje ne izražavaju stanje, što Lakoff smatra okvirima kada je riječ o istoj opoziciji kod glagola i pridjeva, npr. *Don`t be a brat* („ne-stanje") i *Don`t be an aardvark* (stanje). Osim imenice *brat*, imenice koje izražavaju „ne-stanje" su: *fool, dope, fink*, itd. To su imenice kojima opisujemo osobe koje se ponašaju na način koje je uobičajen za tip osobe koji ta imenica označava. Primjerice, ako kažemo da je netko *fool*, znači da se ponaša onako kako se ponašaju drugi ljudi koje smatramo *naivnima*, ili u našem primjeru *brat*, znači da se netko ponaša onako kako se ponašaju drugi ljudi koje smatramo *razmaženima* (*derištima*).

Na osnovi navedenog možemo reći da kada je riječ o stupnju stativnosti kod navedenih triju vrsta riječi (imenica, glagola i pridjeva), imenice imaju najveći stupanj stativnosti, potom pridjevi, dok glagoli izražavaju najmanji stupanj stativnosti.

Možemo reći da trajni aspekt u engleskom jeziku morfološki označuje kombinacija participa sadašnjeg, glagolskog vremena i pomoćnog glagola *biti* u aktivu ili pasivu. Wolf Paprotte (1986.) na str. 447. ističe da ako se pođe od pretpostavke da uglavnom „trajna" glagolska vremena imaju aspekt, smatrali bismo da „obična" glagolska vremena uopće nemaju aspekt, ili da imaju aspekt koji je uvjetovan kojoj vrsti predikata pripadaju glagoli u tim glagolskim vremenima. Samo predikati u „običnim" glagolskim vremenima kojima se izražava uspjeh ili postignuće nečega, npr. *John walked to the station* ili *He played a Bach concerto* imaju osobine perfektivnog aspekta. Navedeni predikati ne razlikuju postignuće ili uspjeh koji smatraju istom stvari. Čini se da engleski jezik ima samo jedan „aspekt gledišta" i to trajni. Naime, *obično sadašnje vrijeme* (Simple Present Tense) može potvrditi navedeno. S obzirom na općenitu upotrebu navedenog glagolskog vremena, njegovu upotrebu u obliku historijskog prezenta, ali i na njegovu upotrebu u izražavanju buduće radnje, možemo reći da navedeno glagolsko vrijeme nije jednostavno i lako razumjeti kao npr. *opće prošlo vrijeme* (Simple Past Tense). Naime, kada je riječ o *običnom sadašnjem vremenu* (Simple Past Tense) kao pravom sadašnjem vremenu, u njemu se javljaju predikati koji izražavaju stanje, dok će se predikati koji izražavaju: radnju, uspjeh i poostignuće javiti u trajnom aspektu da bi izrazili da je riječ o događaju u apsolutnoj sadašnjosti.

Kada bismo glagole stanja stavili u *sadašnje trajno vrijeme* (Present Continuous Tense) u većini slučajeva došlo bi do promjene stanja u radnju i do promjene shvaćanja samog glagola, npr. *John loves Mary* i *John is loving Mary*. Prvu rečenicu bismo mogli shvatiti kao nešto sasvim uobičajeno, tj. da je normalno za Johna da voli Mary i da je to općepoznato svima, dok bismo drugu rečenicu shvatili kao da John voli Mary baš sada, u trenutku govora, ili trenutno i da to nije nešto uobičajeno i općepoznato svima.

Upotreba *običnog sadašnjeg vremena* (Simple Present Tense) za opisivanje neke uobičajene radnje (rutine), npr. *He goes to work at 8.30* i za opisivanja neke općepoznate činjenice (istine), npr. *Sea water tastes salty* pobija tvrdnju da „obična" glagolska vremena prvenstveno imaju perfektivan aspekt. Osim toga, historijski je prezent „skloniji" predikatima kojima se izražavaju uspjesi i postignuća, dok su radnje uglavnom izražene *prošlim trajnim vremenom* (Past Continuous Tense), npr. *A strong wind was blowing. The cable snaps. John doesn`t even blink and he says to me...*

Također, predikati koji izražavaju uspjeh ili postignuće ne dozvoljavaju povezivanje rečenica u kojima se javljaju u frazama poput *and still does so*. Navedena fraza se može upotrijebiti kada je riječ o stanju i negira bilo kakve indicije o dovršenosti, pa tako rečenica: *John loved Mary and for all I know still does so* zvuči puno bolje od rečenice: *John walked to the station and still does so* (Paprotte, 1986., str. 478.–488.).

Navedena fraza u drugoj rečenici zvuči nepravilno jer „negira" ono što karakterizira predikate koji izražavaju uspjeh ili postignuće, a to je da je riječ o radnji ili procesu. Ili, u rečenicama, npr.: *He played a Bach concerto for hours and still does so*, ili *John ran for some time and still does so*, navedena fraza također ne može biti upotrijebljena jer ukazuje na trajanje radnje, a priložne oznake: *for hours* i *for some time* ukazuju da je riječ o ograničenom trajanju. Kada bismo izostavili navedene priložne oznake, mogli bismo upotrijebiti frazu *and still does so*.

Na osnovi navedenog, zaključujemo kako predikati koji izražavaju stanje nemaju trajni aspekt. No, može doći do odstupanja od navednog, npr.: *I am understanding more about aspect each day* ili *Amy is really resembling her uncle*, što ukazuje da postoji razlika u značenju kada je riječ o aspektu predikata koji izražavaju stanje i trajnog aspekta koji možemo upotrijebiti i kada je riječ o glagolima stanja, iako znamo da navedeni glagoli ne mogu imati trajni aspekt. Najvažnija značajka trajnog aspekta je da označuje nešto što se događa „oko trenutka govora" i vremenski obuhvaća događaje prije i poslije njega, npr. *Max was here when I arrived*, što znači da je Max bio na navedenom mjestu prije nego što sam došla i ostao na navedenom mjestu do mog dolaska, ili npr. *Max was writing when I entered*, što znači da je Max već pisao kada sam došla i nastavio pisati i nakon što sam došla (Paprotte, 1986., str. 489. – 490.).

Možemo reći da i u engleskom jeziku razlikujemo trajnu i svršenu radnju, iako ne na isti način kao u hrvatskom jeziku. Vidjeli smo da iako postoje određena pravila prema kojima neki glagoli (stativni glagoli) ne mogu imati trajni aspekt, ipak se upotrebljavaju u „trajnim" (conitnuous) glagolskim vremenima i takvom njihovom upotrebom se postiže dodatna ekspresivnost u opisu koja se ne bi mogla postići u istoj mjeri ako bismo navedene glagole upotijebili u „običnim" (simple) vremenima.

3.4. Vremenski i aspektualni odnosi izraženi glagolskim vremenim za prošlost

Spomenuli smo najvažnije osobine aspekata u engleskom jeziku, a sada ćemo se baviti glagolskim vremenima za izražavanje prošlosti i vidjeti kako navedena glagolska vremena izražavaju vremenske i aspektualne odnose.

Kada govorimo o prošlom vremenu u engleskom jeziku shvaćamo ga kao vrijeme koje prethodi sadašnjem vremenu, odnosno vremenu odvijanja govornog čina i u tom slučaju sve što se dogodilo prije vremena odvijanja govornog čina izražavamo glagolskim vremenima za prošlost kojih ima mnogo, i njihova upotreba ovisi o tomu na koji način vidimo radnju (Paprotte, 1986., str. 185.).

U engleskom jeziku postoje sljedeća glagolska vremena za prošlost: *prošlo završeno vrijeme* (Simple Past Tense), *prošlo trajno vrijeme* (Past Continuous Tense), „perfekt prošli" (Past Perfect Tense), „perfekt prošli trajni" (Past Perfect Continuous Tense), „perfekt sadašnji" (Present Perfect Tense),

„perfekt sadašnji trajni" (Present Perfect Continuous Tense). Navedenim glagolskim vremenima posvetit ćemo pozornost. Ako radnju doživljavamo kao završenu u određeno vrijeme u prošlosti, upotrebljavamo *prošlo završeno vrijeme* (Simple Present Tense), a ako ju vidimo kao prošlu radnju s posljedicama u sadašnjosti upotrebljavamo „perfekt sadašnji" (Present Perfect Tense) itd. Počet ćemo od *prošlog završenog vremena* (Simple Past Tense).

3.5. Prošlo završeno vrijeme (Simple Past Tense)

Prošlo završeno vrijeme (Simple Past Tense)[8] upotrebljavamo kada govorimo o radnji koja se dogodila u određeno vrijeme u prošlosti, na što upućuju priložne oznake vremena koje uvijek stoje uz navedeno glagolsko vrijeme, npr. *Our regular window cleaner went off to Canada last year*; ako želimo

---

[8] *Prošlo završeno vrijeme* (Simple Past Tense) pravilnih glagola tvorimo infinitivom i nastavkom *-ed* ako osnova završava na suglasnik, npr. *play* + *-ed* = *played* ili nastavkom *-d* ako osnaova završava na samoglasnik *love* + *-d* = *loved*. Nepravilni glagoli imaju poseban oblik koji se mora naučiti napamet, npr. opće prošlo vrijeme glagola *make* je *made* itd. Upitni oblik se tvori pomoćnim glagolom *did* i tada nastavak *-ed* ili *-d* otpada, npr. *did you do/ make it?* Niječni oblik se tvori pomoćnim glagolom *did* i negaitvnom česticom *not* (*did not* ili *didn`t*) i tada nastavak *-ed* ili *-d* otpada, npr. *I did not/didn`t do/make it* (A.J.Thompson & A.V. Martinet, 1996., str. 161.). *Prošlo završeno vrijeme* ima isti oblik za sva glagolska lica, npr. navest ćemo *prošlo završeno vrijeme* (Simple Past Tense) glagola *play*:

Singular:
1. *I played*
2. *you played*
3. *he/she/it played*

Plural:
1. *we played*
2. *you played*
3. *they played*

istaći da je nešto trajalo izvijesno vrijeme u prošlosti, npr. *He lived in Paris during his last years* (Collins & Cobuild, 2002., str. 250.).

Prošlo završeno vrijeme (Simple Past Tense) upotrebljavamo i kada govorimo o nečemu što se dogodilo u prošlosti spominjući i situaciju koja je tada postojala, neovisno postoji li navedena situacija u sadašnjosti ili ne, npr. *All streets in this part o Watford looked alike* (Collins & Cobuild, 2002., str. 250.). Navedeno glagolsko vrijeme upotreblavamo kada govorimo o nečemu što je postojalo u prošlosti, ali više ne postoji, ili ne vrijedi u sadašnjosti, npr. *I lived in Sicily for ten years.* Ponekad se navedeno glagolsko vrijeme upotrebljava u svakodnevnoj konverzaciji i tada izražava sadašnjost, posebice kada je riječ o govornikovim osjećanjima ili mišljenju, npr. *Did you want me? – Yes, I hoped you would give me a hand with painting.* Upotreba *prošlog završenog vremena* (Simple Past Tense) u navedenom primjeru čini pitanje neizravnim i upotrebljavamo ga kad želimo biti izrazito uljudni (Geoffrey N. Leech, 1971.. str. 1.–2.).

Osim uz glagol *want*, navedeno glagolsko vrijeme se može upotrijebiti uz glagole: *wonder* i *think* u istom značenju, npr. *I wondered if you`d look after my dog while I go shopping*, ili *I thought I might come and see you later this evening* (Leech, 1971., str. 3).

Prošlo završeno vrijeme (Simple Past Tense) također upotrebljavamo kada pitamo kada se nešto dogodilo, npr. *When did you meet him?*; kada je jasno da se radnja dogodila u određeno vrijeme u prošlosti, iako vrijeme nije navedeno, npr. *The train was ten minutes late.* (Thompson & Martinet, 1996., str. 162.).

Ponekad upotrebljavajući „perfekt sadašnji" (Present Perfect Tense) vrijeme radnje nam postaje poznato i više ne upotrebljavamo navedeno glagolsko vrijeme, nego *prošlo završeno vrijeme* (Simple Past Tense), npr. *Where have you been? – I`ve been to the opera. – Did you enjoy it?* (Thompson & Martinet, 1996., str. 162.). Navedeno glagolsko vrijeme upotrebljavamo i kada govorimo o nekoj navici u prošlosti, npr. *They never drank wine;* u pogodbenim rečnicama drugog tipa (Conditional Clauses Type 2)[9] i to u zavisnoj (pogodbenoj) rečenici, npr. *If I had money I would buy a new car* (Collins & Cobuild, 2002., str. 251.). U navedenoj rečenici govorimo što bismo voljeli ili željeli da se dogodi u sadašnjosti,ili budućnosti, a kako je to nemoguće, ili gotovo nemoguće, upotrebljavamo

---

[9] *Pogodbene rečenice drugog tipa* (Conditiona Clauses Tipe 2) se sastoje iz dva dijela: *zavisne rečenice* (If Clause) i *glavne rečenice* (Principal Clause). U zavisnoj rečenici upotrebljavamo *opće prošlo vrijeme* (Simple Past Tense), koje ovdje više nije u funkciji prošlog vremena, nego se njime izražava nestvarnost i nejvjerojatnost, odnosno izražava se što bismo željeli da se dogodi u sadašnjosti, ali postoje male šanse da će se to ostvariti. Takva upotreba navedenog glagolskog vremena u pogodbenim rečenicama drugog tipa naziva se „konjunktiv" (The Past Subjunctive) ili „nestvarno prošlo vrijeme" (Unreal Past Tense). U glavnoj rečenici upotrebljavamo *kondicional sadašnji* /The Present Conditional), kojega tvorimo pomoću *would* + „krnji" *infinitiv* (Bare Infinitive), npr. *would do, would take*, itd. No, ovo može biti relevantno, ako hoćemo vidjeti što su funkcije prošlog vremena. Zanimljivo je da ono služi za nešto što je kognitivno udaljenije, tj. nepoznato, spekulativno.

„konjunktiv prošli" (The Past Subjunctive).[10]

Ako rečenicu prevedemo na hrvatski jezik, glasit će: *Da imam novaca (kada bih imala novaca), kupila bih novi automobil,* što znači da nemam novaca, pa stoga ne mogu kupiti novi automobil (Thompson & Martinet, 1996., str. 269. – 270.).

Osim u navedenim situacijama, *opće prošlo vrijeme* (Simple Past Tense) se upotrebljava u neupravnom govoru (Indirect/Reported Speech) prilikom „slaganja vremena" (Sequence of Tenses) kada služi kao "prošli ekvivalent" *običnom sadašnjem vremenu* (Simple Preent Tense). Naime, kada govorimo o neupravnom govoru prilikom „slaganja vremena", glavni glagol je u *prošlom završenom vremenu* (Simple Past Tense) i tada se sva glagolska vremena „pomiču" za jedno glagolsko vrijeme unatrag, i jedino tada *prošlo završeno vrijeme* (Simple Past Tense) postaje „prošlim ekvivalentom" *običnog sadašnjeg vremena* (Simple Present Tense) (Thompson & Martinet, 1996., str. 270.), primjerice:

Upravni govor (Direct Speech):
He said, „I <u>go</u> to school every day."

---

[10] „Konjunktiv prošli" (The Past Subjunctive) ima oblik *prošlog završenog vremena* (Simple Past Tense), ali rekli smo da se njime ne izražava prošlost, nego ono što bismo željeli da se dogodi u sadašnjosti,ili budućnosti ali znamo da se neće dogoditi jer postoje male šanse. „Konjunktiv prošli" (The Past Subjunctive) glagola *be* je *was* ili *were* za sva lica, osim što je *were* prikladniji kada govorimo o nestvarnosti. Upotrebljava se poslije izraza: *wish, as if, as though, suppose, had better/rather, it is time,* itd. Primjerice: *If I <u>were</u> you, I would wait* (Da sam na tvom mjestu, pričekala bih) ili *I wish you <u>did not go</u> home* Voljela bih da ne ideš kući) (Thompson & Martinet, 1996., str. 162., 198. i 254.).

Neupravni govor (Indirect Speech):
He said (that) he <u>went</u> to school every day.

Upravno pitanje (Direct Question):
He asked, "<u>Do</u> you <u>live here</u>?"

Neupravno pitanje (Indirect Question):
He asked (me) <u>if I lived there</u>.

Rekli smo da *prošlo završeno vrijeme* (Simple Past Tense) postaje "prošlim ekvivalentom" *običnog sadašnjeg vremena* (Simple Present Tense) u neupravnom govoru i neupravnim pitanjima prilikom „slaganja vremena", ali navedeno ne vrijedi ako je glavni glagol u: *običnom sadašnjem vremenu* (Simple Present Tense), „perfektu sadašnjem" (Present Perfect Tense), *običnom budućem vremenu* (Simple Future Tense), itd. (Thompson & Martinet, 1996., str. 269.), Primjerice:

Upravni govor:
He says/will say/has said, "I <u>go</u> to school every day."

Neupravni govor:
He says/will say/has said (that) he <u>goes</u> to school every day.

3.6. Prošlo trajno vrijeme (Past Continuous Tense)

Postoji i „trajni oblik" prošlog završenog vremena (Simple Past Tense), a to je *prošlo trajno vrijeme* (Past Continuous Tense). *Prošlo trajno vrijeme* (Past Continuous Tense) upotrebljavamo kada govorimo o nečemu što je u prošlosti trajalo ili se ponavljalo, npr. *Her tooth <u>was aching</u>, her burnt finger <u>was hurting</u>* (Collins & Cobuild, 2002., str. 250.).

Kada želimo napraviti kontrast između situacije i događaja koji je uslijedio odmah nakon što je nastupila navedena situacija, upotrebljavamo *prošlo trajno vrijeme* (Past Continuous Tense) da bismo opisali prethodnu situaciju i *prošlo završeno vrijeme* (Simple Past Tense) da bismo opisali događaj koji je uslijedio nakon te situacije, npr. *I was waiting angrily on Monday morning when I saw Mrs. Miller* (Collins & Cobuild, 2002., str. 251.).

Osim navedenog, *prošlo trajno vrijeme* (Past Continuous Tense) upotrebljavamo sa vremenskom oznakom kada želimo opisati radnju koja je počela prije navedenog vremena i vjerojatno se nastavila i poslije, npr. *At eight he was having breakfast*; kada nešto opisujemo i tada se može kombinirati sa *prošlim završenim vremenom* (Simple Past Tense), npr. *A girl was playing the piano and (was) singing softly to herself. Suddenly there was a knock on the door*, s prilogom *always* kada želimo opisati da se nešto redovito događalo u prošlosti, npr. *He was always ringing me up*; kada govorimo o nečemu što je unaprijed dogovoreno u prošlosti, npr. *He was busy packing, for he was leaving that night*; kao alternativa *prošlog završenog vremena* (Simple Past Tense) da bi se opisala nenamjerna, obična radnja u prošlosti, npr. *He was talking to Tom the other day*, što znači da se to dogodilo sasvim slučajno i neplanirano, a kada bismo navedenu tvrdnju izrazili *prošlim završenim vremenom* (Simple Past Tense), npr. *I talked to Tom the other day*, značilo bi da sam to učinio namjerno i isplanirano; kada govorimo o dvije radnje koje su se u prošlosti događale istovremeno, npr. *Between one and two I was doing the shopping and walking the dog.* Ponekad pitanje postavljeno u *prošlom trajnom vremenu* (Past Continuuus Tense) može davati negativan dojam da želimo nekoga kritizirati što je, npr. bio u našoj sobi bez dopuštenja: *What* were *you doing in my room?* (Thompson & Martinet, 1996., str. 163. – 165.).

Međutim, ako želimo biti izrazito uljudni kada pitamo nekoga nešto, možemo upotrijebiti navedeno glagolsko vrijeme, npr. *I was wondering if we could see each other later* (Leech, 1971., str. 11.). Također, *prošlo trajno vrijeme* (Past Continuous Tense) se upotrebljava kao "prošli ekvivalent" *sadašnjeg trajnog vremena* (Present Continuous Tense) kada govorimo o neupravnom govoru i neupravnim pitanjima prilikom „slaganja vremena" (Thompson & Martinet, 1996., str. 270.), primjerice:

Upravni govor:
He said, „I am reading a book now."

Neupravni govor:
He said (that) he was reading a book then.

Upravno pitanje:
She asked, „Are you sleeping now?"

Neupravno pitanje:
She asked (me) if I was sleeping then.

Prošlo trajno vrijeme (Past Continuous Tense) se upotrebljava i u pogodbenim rečenicama drugog tipa, i to u zavisnoj rečenici umjesto *prošlog završenog vremena* (Simple Past Tense) i to smo nazvali "konjunktivom prošlim" (The Past Subjunctive). Za *prošlo trajno vrijeme* (Past Continuous Tense) vrijede ista pravila kao i za *opće prošlo vrijeme* (Simple Past Tense) u navedenoj upotrebi, dakle izražavamo nešto što bismo željeli da se dogodi u sadašnjosti, ili u budućnosti, ali za to postoje male šanse, npr. *If my car was/were working I would drive you to the station* (Thompson & Martinet, 1996., str. 200.). Dakle, *Da mi je automobil ispravan (Kad bi mi automobil bio ispravan), odvezao bih te na kolodvor*, ali nije ispravan i ne mogu te odvesti na kolodvor.

3.7. Usporedba prošlog završenog vremena (Simple Past Tense) i prošlog trajnog vremena (Past Continuous Tense)

Iako se čine sličnim, *prošlo završeno vrijeme* (Simple Past Tense) i *prošlo trajno vrijeme* (Past Continuous Tense[11]) se ipak razlikuju, npr.: *After*

---

[11] *Prošlo trajno vrijeme* (Past Continuous Tense) tvorimo *prošlim završenim vremenom* glagola „to be" *(was/were)* i "participom sadašnjim" (The Present Participle) glavnog glagola, kojeg tvorimo *infinitivom* i nastavkom *–ing*, npr. *work + -ing = working*. Upitni oblik tvorimo inverzijom, tj. zamjenom mjesta subjekta i glagola pri čemu pomoćni glagol dolazi na prvo mjesto, subjekt na drugo i "particip sadašnji" na treće, npr. *Was he working?* Niječni oblik tvorimo negativnom česticom *not* koja dolazi iza pomoćnog glagola, npr. *I was not (wasn`t working)* (Thompson & Martinet, 1996., str. 163., 239. I 269.). Navest ćemo *prošlo trajno vrijeme* glagola *play*:

Singular:	Plural:
1. *I was playing*	1. *we were playing*
2. *you were playing*	2. *you were playing*
3. *he/she/it was playing*	3. *they were playing*

dinner we <u>were drinking</u> wine and <u>watching</u> tv i *After dinner we <u>drank</u> wine and <u>watched</u> tv*. U prvoj rečenici smo upotrijebili *prošlo trajno vrijeme* (Past Continuous Tense) i time izražavamo da su se dvije radnje (*drinking wine* i *watching tv*) događale u prošlosti paralelno i one predstavljaju podlogu za završeni događaj koji će uslijediti nakon toga.

U drugoj rečenici smo upotrijebili *prošlo završeno vrijeme* (Simple Past Tense) i stoga se navedena rečnica može protumačiti na dva načina, dakle, ili su se dvije radnje događale paralelno, ili jedna za drugom. Ali, ako kažemo: *After dinner we <u>had a</u> bath and <u>went to</u> bed*, upotrijebili smo *prošlo završeno vrijeme* (Simple Past Tense), jer obje radnje promatramo kao završen čin neovisan o drugom, jer se ne možemo kupati i ići spavati u isto vrijeme (Radden, 1989., str. 193.). Upotreba *prošlog trajnog vremena* (Past Continuous Tense) ukazuje da radnja nije završena u prošlosti, npr. *I <u>was reading</u> a book that evening*, što znači da nisam završila s čitanjem knjige do kraja večeri. Međutim, ako bismo umjesto navedenog glagolskog vremena upotrijebili *opće prošlo vrijeme* (Simple Past Tense), npr. *I <u>read</u> a book that evening*, značilo bi da sam pročitala knjigu do kraja večeri. Ako usporedimo rečenice: *The man <u>was drowning</u>* i *The man <u>drowned</u>* vidimo razliku u značenju. Naime, upotreba *prošlog trajnog vremena* (Past Continuous Tense) u prvoj rečenici znači da *se* čovjek *utapao*, ali se najvjerojatnije *nije utopio*, jer ga je netko spasio, a upotreba *prošlog završenog vremena* (Simple Past Tense) u drugoj rečenici znači da *se* čovjek *utopio* (Leech, 1971., str. 16. – 17.).

Spomenuli smo da je *prošlo završeno vrijeme* (Simple Past Tense) "prošli ekvivalent" *običnog sadašnjeg vremena* (Simple Present Tense), odnosno da je *prošlo trajno vrijeme* (Past Continuous Tense) "prošli ekvivalent" *sadašnjeg trajnog vremena* (Present Continuous Tense) u neupravnom govoru i neupravnim pitanjima prilikom „slaganja vremena", ali treba znati da i navedena glagolska vremena imaju svoje "prošle ekvivalente", a to su „perfekt prošli" (Past Perfect Tense) za Simple Past Tense i „perfekt prošli trajni" (Past Perfect Continuous Tense) za Past Continuous Tense, primjerice:

Upravni govor:
He said, „I went to Zagreb yesterday."

Neupravni govor:
He said (that) he had gone to Zagreb the previous day.

Upravno pitanje:
He asked, „Did you go out last night?"

Neupravno pitanje:
He asked (me) if I had gone out the previous night.

Upravni govor:
She said, „I was studying while my sister was sleeping."

Neupravni govor:
She said (that) she had been studying while her sister had been sleeping."

Upravno pitanje:
He asked, „What were you doing in my room?"

Neupravno pitanje:
He asked (me) <u>what I had been doing</u> in this room.

Ali, ponekad navedena pravila ne vrijede, tj. ponekad *prošlo završeno vrijeme* (Simple Past Tense) i *prošlo trajno vrijeme* (Past Continuous Tense) ostaju nepromijenjeni i kada je riječ o neupravnom govoru prilikom „slganja vremena". Naime, u teoriji navedena glagolska vremena gotovo uvijek "prelaze" u svoj "prošli ekvivalent" (Past Perfect Tense ili Past Perfect Continuous Tense), ali u svakodnevnoj upotrebi često ostaju nepromijenjena, osim u vremenskim rečenicama, primjerice:

Upravni govor:
He said, „When we <u>lived/were living</u> in Paris we often <u>saw</u> Paul."

Neupravni govor:
He said when they <u>lived/were living</u> in Paris they often <u>saw/had seen</u> Paul (Thompson & Martinet, 1996., str. 175., 179., 193. I 271.).

Iz navedenog vidimo da *prošlo završeno vrijeme* (Simple Past Tense) i *prošlo trajno vrijeme* (Past Continuous Tense) "ne prelaze" u svoj "prošli ekvivalent" jer je riječ o vremenskim rečenicama (Time Clauses), ali u tom slučaju glavni glagol može, a ne mora, "prijeći" u svoj "prošli ekvivalent," odnosno u „perfekt prošli" (Past Perfect Tense). Također, kada jedna radnja u prošlosti uslijedi odmah nakon druge, može ih se povezati vremenskom oznakom *when* i u obje rečenice upotrebljavamo *prošlo završeno vrijeme* (Simple Past

Tense), ako je jasno da se nisu događale istovremeno, npr. *When he called her a lier she smacked his face.* Osim u vremenskim rečenicama, navedena dva glagolska vremena ostaju nepromijenjena kada se njima opisuje nešto što još uvijek vrijedi u trenutku kada se o tome govori, primjerice:

Upravni govor:
She said, „I decided not to buy the house because it was in the main road."

Neupravni govor:
She said she had decided not to buy the house because it was on the main road.

Postoji još jedan slučaj kada *prošlo završeno vrijeme* (Simple Past Tense) i *prošlo trajno vrijeme* (Past Continuous Tense) "ne prelaze" u svoj "prošli ekvivalent" u neupravnom govoru prilikom „slaganja vremena", a to se događa kada se navedena glagolska vremena upotrebljavaju u "konjunktivu prošlom" (The Past Subjunctive) poslije izraza: *wish, would rather/sooner, it is time,* primjerice:

Upravni govor:
The children said, „We wish we didn`t have to take exams."

Neupravni govor:
The children said they wished they didn`t have to take exams.

Upravni govor:
He said, „It is time we began planning our holidays."

Neupravni govor:
He said it was time they began planning their holidays (Thompson & Martinet, 1996., str. 177. I 271.)

Govoreći o *prošlom završenom* *vremenu* (Simple Past Tense) i *prošlom trajnom vremenu* (Past Continuous Tense), spomenuli smo još dva glagolska vremena za prošlost u engleskom jeziku, a to su: „perfekt prošli" (Past Perfect Tense) i „perfekt prošli trajni" (Past Perfect Continuous Tense).

3.8. „Perfekt prošli" (Past Perfect Tense)

„Perfekt prošli" (Past Perfect Tense)[12] doživljavamo kao glagolsko vrijeme kojim izražavamo događaj u prošlosti koji prethodi prošlom vremenu kojeg vidimo kao referentno vrijeme, odnosno vrijeme na koje se taj događaj odnosi (Radden, 1989., str. 203.).

Navedeno glagolsko vrijeme upotrebljavamo kada govorimo o nekoj situaciji ili događaju koji se

---

[12] „Perfekt prošli" (Past Perfect Tense) tvorimo *prošlim završenim vremenom* glagola „have" a to je *had* i "participom prošlim" (Past Participle) kojeg tvorimo na isti način kao i *opće prošlo vrijeme* (Simple Past Tense), tj. infinitivom i nastavkom *–ed* ili *–d* kod pravilnih glagola, npr. *played* ili upotrebljavamo "drugu kolonu" kad je riječ o nepravilnim glagolima, npr. *took*. Ima isti oblik za sva lica. Upitni oblik tvorimo inverzijom, tj, zamjenom mjesta glagola i subjekta, npr. *Had he worked?* Niječni oblik tvorimo niječnom česticom *not* koja dolazi iza pomoćnog glagola *had*, npr. *He had not (hadn`t) done it* (Thompson & Martinet, 1996., str. 175.). Navest ćemo „perfekt prošli" (Past Perfect Tense) glagola *play*:

Singular:	Plural:
1. *I had played*	1. *we had played*
2. *you had played*	2. *you had played*
3. *he/she/it played*	3. *they had played*

dogodio prije nekog određenog vremena u prošlosti, npr. *She had lost her job as a real estate agent and was working as a waitress* (Collins & Cobuild, 2002., str. 252.). „Perfekt prošli" (Past Perfect Tense) također upotrebljavamo kada govorimo o radnji koja je počela prije vremena govornog čina u prošlosti i još uvijek je trajala u vrijeme odvijanja govornog čina, npr. *Ann had lived in a cottage for sixty years/ever since she was born, and had no wish to move to a tower block* (Thompson & Martinet, 1996., str. 175.).

„Perfekt prošli" (Past Perfect Tense) također upotrebljavamo kada govorimo o radnji koja je poečla prije vremena govornog čina u prošlosti i koja je završila u to vrijeme ili malo prije, npr. *The old oak tree, which had stood on the churchyard for 300 years/since/before the church was built, suddenly crashed to the ground*; kada govorimo o radnji koja je završena malo prije govornog čina, npr. *He had served in the army for ten years; then he retired and married. His children were now at school* (Thompson & Martinet, 1996., str. 176.).

Osim što je "prošli ekvivalent" *prošlog završenog vremena* (Simple Past Tense) kada govorimo o neupravnom govoru, odnosno neupravnim pitanjima prilikom „slaganja vremena", „perfekt prošli" (Past Perfect Tense) je "prošli ekvivalent" i „perfekta sadašnjeg" (Present Perfect Tense), primjerice:

Upravni govor:
He said, „I have already seen that movie."

Neupravni govor:
He said he had already seen that movie.

Navedeno glagolsko vrijeme upotrebljavamo i u vremenskim rečenicama poslije vremenske oznake *when* kada želimo naglasiti da je prva radnja završila prije nego što je druga počela, npr. *When he had shut the window, we opened the door of the cage;* nakon vremenskih oznaka: *untill/till, before* da bismo istakli da je radnja završena ili da očekujemo završetak radnje, npr. *He refused to go till he had seen all the pictures;* nakon vremenske oznake *after,* npr. *After the will had been read there were angry exclamations.* Glagole kojim izražavamo mišljenje ili razumijevanje, itd., ne upotrebljavamo u „perfektu prošlom" (Past Perfect Tense) u vremenskim rečenicama, osim kada postoji vremenska oznaka, npr. *When she had known me for a year, she invited me to tea* (Thompson & Martinet, 1996., str. 177. – 178.). Navedeno glagolsko vrijeme upotrebljavamo i u pogodbenim rečenicama trećeg tipa (Conditional Clauses Type 3).[13] Pogodbenim rečenicama trećeg tipa se izražava neispunjena pogodba u prošlosti, odnosno njima izražavamo nešto što bismo željeli da se dogodilo u prošlosti, ali se nije dogodilo, npr. *If I had had money, I would have boguht a car.*

---

[13] Pogodbene rečenice trećeg tipa (Conditional Clauses Type 3) sastoje se od zavisne rečenice (if-clause) u kojoj upotrbljavamo „perfekt prošli" (Past Perfect Tense) i glavne rečenice u kojoj upotrebljavamo kondicional prošli (Perfect Conditional), kojeg tvorimo kondicionalom sadašnjim (Present Conditional) i "participom prošlim" (The Past Participle), npr. *would have done/would have worked.*(Thompson & Martinet, 1996., str. 200.).

Ovakva upotreba „perfekta prošlog" (Past Perfect Tense) u pogodbenim rečenicama trećeg tipa naziva se „konjunktiv pretprošli" (Past Perfect Subjunctive)[14], jer je riječ o nestvarnoj radnji u prošlosti (Thompson & Martinet, 1996., str. 200.). Kada bismo navedenu rečenicu preveli na hrvatski jezik glasila bi: *Da sam bio imao (da sam imao) novaca, bio bih kupio (kupio bih) automobil*, ali nisam imao novaca, pa tako nisam kupio automobil.

3.9. „Perfekt prošli trajni" (Past Perfect Continuous Tense)

Postoji i trajni oblik „perfekta prošlog", a to je „perfekt prošli trajni" (Past Perfect Continuous Tense). „Perfekt prošli trajni" (Past Perfect Continuous Tense)[15] upotrebljavamo kada želimo

---

[14] Konjunktiv pretprošli (Past Perfect Subjunctive) ima isti oblik kao „perfekt prošli" (Past Perfect Tense) i njim se izražava ono što bismo željeli da se dogodilo u prošlosti, ali se nije dogodilo. Ima isti oblik za sva lica. Upotrebljava se iza izraza: *wish, if only, it is time, it is high time, suppose*, itd. Primjerice: *I wish you had not told him that* (Voljela bih da mu nisi to rekla) *ili If only I had stayed at home* (Da sam barem ostala kod kuće) (Thompson & Martinet, 1996., str. 225.).

[15] „Perfekt prošli trajni" (Past Perfect Continuous Tense) tvorimo „perfektom prošlim" (Past Perfect Tense) glagola „to be" a to je *had been* i "participom sadašnjim" glavnog glagola (The Present Participle), npr. *had been working*. Upitni oblik tvorimo inverzijom, tj. zamjenom mjesta glagola i subjekta, pri čemu pomćni glagol *had* dolazi na prvo mjesto, subjekt na drugo, "particip prošli" glagola „to be" (*been*) na treće i particip sadašnji glavnog glagola na četvrto, npr. *Had he been working?* Niječni oblik tvorimo niječnom česticom *not* koja dolazi iza pomoćnog glagola *had*, tj. *had not (hadn`t)*, npr. *He had not (hadn`t) been working* (Thompson & Martinet, 1996., str. 179.). Primjerice, „perfekt prošli trajni" (Past Perfect Continuous Tense) glagola *play* glasi:

istaći trajanje neke radnje koja se dogodila prije nekog određenog vremena u prošlosti, npr. *Until now the rumours that had been circulating were exaggerated versions of the truth* (Collins & Cobuild, 2002., str. 252.). „Perfekt prošli trajni" (Past Perfect Continuous Tense) također upotrebljavamo kad govorimo o radnji koja je počela prije vremena govornog čina u prošlosti, ali ne znamo je li završila, ili je još uvijek trajala u vrijeme odvijanja govornog čina u prošlosti, npr. *He had been repairing the engine;* u pogodbenim rečenicama trećeg tipa, i to u zavisnoj rečenici umjesto pretprošlog vremena (Past Perfect Tense), npr. *If I hadn`t been wearing a seat belt, I would have been seriously injured in the yesterday's accident* (Thompson & Martinet, 1996., str.179. i 200.).

Osim što je "prošli ekvivalent" *prošlog trajnog vremena* (Past Continuous Tense) kada je riječ o neupravnom govoru i neupravnim pitanjima prilikom „slaganja vremena" „perfekt prošli trajni (Past Continuous Tense) je "prošli ekvivalent" i „perfekta sadašnjeg trajnog" (Present Perfect Continuous Tense), primjerice:

Upravni govor:
He said, „I have been waiting here since 7 am."

Neupravni govor:
He said he had been waiting there since 7 am.

Singular:	Plural:
1. *I had been playing*	1. *we had been playing*
2. *you had been playing*	2. *you had been playing*
3. *he/she/it had been playing*	3 .*they had been playing*

Upravno pitanje:
He asked: „How long have you been living in Zagreb?"

Neupravno pitanje:
He asked her how long she had been living in Zagreb.

3.10. Usporedba „perfekta prošlog" (Past Perfect Tense) i „perfekta prošlog trajnog" (Past Perfect Continuous Tense)

Ponekad se „perfekt prošli trajni" (Past Perfect Continuous Tense) može upotrijebiti umjesto „perfekta prošlog" (Past Perfect Tense), npr. kada govorimo o radnji koja je počela prije vremena odvijanja govornog čina u prošlosti, trajala do tog vremena, ili je završila do tog vremena. Navedeno možemo potkrijepiti primjerima: *It was now six and he was tired because he had worked hard since dawn* ili *It was now six and he was tired because he had been working hard since dawn* (Thompson & Martinet, 1996., str. 178. – 179.).

Rekli smo da „perfekt prošli trajni" (Past Perfect Continuous Tense) izražava radnju koja je počela prije vremena odvijanja govornog čina u prošlosti i ne znamo je li završila ili ne, a ako upotrijebimo „perfekt prošli" (Past Perfect Tense), znamo da je radnja završena prije vremena odvijanja govornog čina u prošlosti, npr. *By six o`clock he had repaired the engine* (Thompson & Martinet, 1996., str. 179.). Također, „perfekt prošli trajni" (Past Perfect Continuous Tense) upotrebljavamo kada govorimo o radnji koja je počela prije vremena govornog čina u prošlosti i trajala do tog vremena ili za vrijeme odvijanja govornog čina u prošlosti, npr. *He had been painting the door* (boja je još uvijek vlažna, jer smo tek obojili vrata) (Thompson & Martinet, 1996., str. 179.).

„Perfekt prošli" (Past Perfect Tense) možemo upotrijebiti za radnju koja je počela malo prije vremena govornog čina u prošlosti, ali može proći i dulji vremenski period između te dvije radnje, npr. *He had painted the door* (boja je vjerojatno suha jer smo obojili vrata puno prije vremena odvijanja govornog čina u prošlosti) (Thompson & Martinet, 1996., str. 179.).

Govoreći o *prošlom završenom vremenu* (Simple Past Tense) i *prošlom trajnom vremenu* (Past Continuous Tense), spomenuli smo pogodbene rečenice drugog tipa (Conditional Clauses Type 2), odnosno govoreći o „perfektu prošlom" (Past Perfect Tense) i „perfektu prošlom trajnom" (Past Perfect Continuous Tense), spomenuli smo pogodbene rečenice trećeg tipa (Conditional Clauses Type 3), a sada ćemo pokazati da je moguća i kombinacija drugog i trećeg tipa i u zavisnoj i u glavnoj rečenici, pa tako imamo „miješani kondicional (Mixed Conditional), npr. *If I hadn`t met her, I would be happily married now* (*Da je nisam bio upoznao, sada bih bio sretno oženjen*).

U navedenoj rečenici imamo „perfekt prošli" (Past Perfect Tense) u zavisnoj rečenici, i njime izražavamo nešto suprotno stvarnoj situaciji u prošlosti, dakle: *Da je nisam bio upoznao (da je nisam upoznao)*, što znači *da je jesam upoznao*. Kondicional sadašnji (The Present Conditional) u glavnoj rečenici izražava nešto što bismo željeli u sadašnjosti: *bio bih sretno oženjen*, dakle, *sada nisam sretno oženjen*. Kao što vidimo, u slučaju „ miješanog kondicionala", kada u završnoj surečenici imamo pogodbenu rečenicu trećeg tipa (Conditional clause type 3), u prijvodu na hrvtaski jezik bolje je upotrijebiti veznik *da*: *Da je nisam bio upoznao (da je nisam upoznao)...*, jer više ukazuje na prošlost i ne izaziva zabunu, što bi se dogodilo da u prijevodu na hrvatski jezik upotrijebimo veznik *kad*: *Kad bih je bio upoznao (kad bih je upoznao), sada bih bio sretno oženjen*, jer bi prijevod zvučao pomalo „čudno".

Možemo uraditi i obratno, tj. upotrijebiti *prošlo završeno vrijeme* (Simple Past Tense) u zavisnoj rečenici i kondicional prošli (The Perfect Conditional) u glavnoj, npr. *If I <u>didn`t love</u> her, I <u>would have divorced</u> her when she cheated on me (Da je ne volim, bio bih se razveo od nje kada me je prevarila)*. U zavisnoj rečenici smo upotrijebili *prošlo završeno vrijeme* (Simple Past Tense) i time izražavamo nešto što je suprotno stvarnoj situaciji u sadašnjosti, dakle: *Da je ne volim...*, ali je volim. U glavnoj rečenici smo upotrijebili kondicional prošli (The Perfect Conditional), čime izražavamo što bismo željeli da se dogodilo u prošlosti, dakle: *bio bih se razveo od nje kad me prevarila*, što znači da se nisam razveo. Govoreći o pogodbeni rečenicama drugog i trećeg tipa, važno je spomenuti kako se navedene rečenice ponašaju kada je riječ o neupravnom govoru prilikom „slaganja vremena", odnosno želimo vidjeti vrijede li i za njih odstupanja kao i za glagolska vremena za prošlost. Naime, kada govorimo o pogodbenim rečenicama drugog i trećeg tipa u neupravnom govoru prilikom „slaganja vremena", važno je znati, da navedene rečenice ne podliježu pravilima pomicanja glagolskih vremena kada je glavni glagol u *prošlom završenom vremenu* (Simple Past Tense). Navest ćemo po jedan primjer pogodbene rečenice drugog i trećeg tipa i pokazati da pravila „slaganja vremena" za njih ne vrijede:

Upravni govor:
He said, „If I had a permit, I could get a job."
(pogodbena rečnica drugog tipa)

Neupravni govor:
He said if he had a permit, he could get a job.

Upravni govor:
He said, „If she had loved him, she wouldn`t have left him." (pogodbena rečnica trećeg tipa).

Neupravni govor:
He said if she had loved him, she wouldn`t have left him (Thompson & Martinet, 1996., str. 201.).

3.11. „Perfekt sadašnji" (Present Perfect Tense)

Sada ćemo nešto reći o „perfektu sadašnjem" (Present Perfect Tense). „Perfekt sadašnji" (Present Perfect Tense) doživljavamo kao glagolsko vrijeme koje se odnosi na situaciju koja prethodi referentnom vremenu u sadašnjosti (Radden, 1989., str. 183.)

Dakle, to je glagolsko vrijeme kojim izražavamo prošlu radnju[16] s posljedicama u sadašnjosti, tj. prošlost je relevantna i nastavlja se u sadašnjosti i jedino na taj način možemo shvatiti navedeno glagolsko vrijeme – u isprepletenosti i neodvojivosti prošlosti od sadašnjosti. Navedeno glagolsko vrijeme upotrebljavamo kada govorimo o radnji koja se dogodila u prošlosti, ali ne znamo, ili ne želimo naznačiti kada, npr. *They have raised £180 for a swimming pool*; kada želimo istaći trajanje radnje, npr. *The settlers have left the bay forever;* sa vremenskim oznakama *since* i *for* kada želimo naznačiti neko određeno vrijeme, npr. *They have been back every year since then* (Collins & Cobuild, 2002., str. 251.). „Perfekt sadašnji" (Present Perfect Tense) također upotrebljavamo s vremenskom oznakom *just* kada govorimo o radnji koja je upravo završila, npr. *He has just gone out* (Izašao je prije nekoliko minuta) (Thompson & Martinet, 1996., str. 167.). „Perfekt sadašnji" (Present Perfect Tense) također

---

[16] „Perfekt sadašnji" (Present Perfect Tense) tvorimo „običnim sadašnjim vremenom" (Simple Present Tense) glagola „to have" i "participom prošlim" (The Past Participle) glavnog glagola. Upitni oblik tvorimo inverzijom, tj. zamjenom mjesta pomoćnog glagola i subjekta pri čemu pomoćni glagol dolazi na prvo mjesto, subjekt na drugo, a particip prošli na treće, npr. *Have you worked?* Niječni oblik tvorimo niječnom česticom *not* koja dolazi iza pomoćnog glagola, npr. *I have not (haven`t) worked* (Thompson & Martinet, 1996., str. 165.). „Perfekt sadašnji" (Present Perfect Tense) glagola *play* glasi:

Singular:	Plural:
1. *I have played*	1. *we have played*
2. *you have played*	2. *you have played*
3. *he/she/it has played*	3. *they have played*

upotrebljavamo kada govorimo o radnji koja se dogodila nedavno u prošlosti, ali čije se posljedice osjećaju u sadašnjosti (sa i bez vremenske oznake *yet*), npr. *Tom has had a bad car crash* (znači da je Tom još uvijek u bolnici) ili *He hasn`t come yet* (još uvijek ga čekamo); za izražavanje trajnja radnje s vremenskim oznakama: *lately, recently, ever, never, always, occasionally, often, several times,* itd., npr. *He has been here recently,* ili *I haven`t seen him since November,* itd. Navedene vremenske oznake mogu biti upotrijebljene sa „perfektom sadašnjim" (Present Perfect Tense) i kada govorimo o nekoj navici iz prošlosti koja još uvijek vrijedi, npr. *I`ve never been late for work,* što znači da ta navika dolaženja na vrijeme na posao još uvijek vrijedi (Thompson & Martinet, 1996., str. 167. – 168.). „Perfekt sadašnji" (Present Perfect Tense) upotrebljavamo i kada pišemo pisma, npr. *I am sorry I haven`t written before but I`ve been busy lately as Tom has been away* (Thompson & Martinet, 1996., str. 167. – 169.). Postoji određena razlika kada upotrijebimo navedeno glagolsko vrijeme glagola *go* i glagola *be,* npr. kada kažemo: *He has gone to America,* znači da je još uvijek u Americi, a ako kažemo: *He has been to America,* znači da se nedavno vratio. (Leech, 1971., str. 35.).

3.12. „Perfekt sadašnji trajni" (Present Perfect Continuous Tense)

Rekli smo da postoji i „perfekt sadašnji trajni" (Present Perfect Continuous Tense) kojeg upotrebljavamo kada želimo istaći da radnja koja je počela u skorije vrijeme u prošlosti još uvijek traje u sadašnjosti[17], npr. *The Department of Abborginal Affairs has recently been conducting a survey of Australian Aborgines* (Collins & Cobuild, 2002., str. 252.).

3.13. Usporedba „perfekta sadašnjeg" (Present Perfect Tense) i prošlog završenog vremena (Simple Past Tense)

Postoji određena razlika u upotrebi navedenih dvaju glagolskih vremena, npr. u rečenici: *I have lost my penknife*, upotrijebili smo „perfekt sadašnji" (Present Perfect Tense), što znači da džepni nožić još uvijek nisam našla, ali ako bismo upotrijebili *opće prošlo vrijeme* (Simple Past Tense), npr. *I lost my penknief*, znači da sam nožić vjerojatno našla (Comrie, 1976., str. 52.).

Kada govorimo o radnji koja je počela u

---

[17] „Perfekt sadašnji trajni" (Present Perfect Continuous Tense) tvorimo „perfektom sadašnjim" (Present Perfect Tense) glagola *be* (*Have/has been*) i "participom sadašnjim" (The Present Participle) glavnog glagola. Upitni oblik tvorimo inverzijom, tj. zamjenom mjesta glagola i subjekta, pri čemu pomoćni glagol dolazi na prvo mjesto, subjekt na drugo, "particip prošli" (The Past Participle) glagola *be (been)* na treće i "particip sadašnji" (The Present Participle) na četvrto, npr. *Have you been working?* Niječni oblik tvorimo niječnom česticom *not* koja dolazi iza pomoćnog glagola *have*, npr. *I have not (haven`t) been working* (Thompson & Martinet, 1996., str. 172.). „Perfekt sadašnji trajni" (Present Perfect Continuous Tense) glagola *play* glasi:

Singular:	Plural:
1. *I have been playing*	1. *we have been playing*
2. *you have been playing*	2. *you have been playing*
3. *he/she/it has been playing*	3. *they have been playing*

prošlosti i traje do određenog trenutka u sadašnjosti, možemo upotrijebiti jedno od navedena dva glagolska vremena s vremenskim oznakama: *today, this morning / afternoon, evening / week / year / century*, itd.

Međutim, i u navedenom slučaju postoji razlika u upotrebi, npr. *Tom has rung up three times this morning* (11 sati), upotrijebili smo „perfekt sadašnji" (Present Perfect Tense), jer još traje jutro, pa radnja nije završena, što znači da se „perfekt sadašnji" (Present Perfect Tense) u navedenoj rečenici može upotrijebiti samo do 13 sati, jer tada više nije jutro nego poslijepodne. Ali, ako upotrijebimo *prošlo završeno vrijeme* (Simple Past Tense), npr. *Tom rang up three times this morning* (13 sati), znači da više nije jutro nego poslijepodne (Thompson & Martinet, 1996., str. 170.).

Navedena dva glagolska vremena možemo upotrijebiti i kada razgovaramo s nekom osobom o nekoj prošloj radnji, i tada razgovor često počinje „perfektom sadašnjim" (Present Perfect Tense), a nastavlja se *prošlim završenim vremenom* (Simple Past Tense) i kada vrijeme radnje nje naznačeno, jer tada radnja koja je na početku razgovora spomenuta postaje tijekom razgovora poznata, tj. tada već znamo o čemu je riječ, npr. *Where have you been? – I`ve been to the cinema. – What did you see?/What was the film? – I saw „Amadeus".*

„Perfekt sadašnji" (Present Perfect Tense) se često upotrebljava u novinama i na televiziji kada se spominje neki događaj, a potom se o tom događaju nastavlja pričati u *prošlom završenom vremenu* (Simple Past Tense), pri čemu je vrijeme radnje često nazančeno u drugoj rečenici, npr. *Thirty thousand pounds` worth of jewellery <u>has been stolen</u> from Johnatan Wild and Company, the jewellers. The thieves <u>broke into</u> the flat above some time during Sunday night and <u>entered</u> the shop by cutting a hole in the celling* (Thompson & Martinet, 1996., str. 169. – 172.).

3.14. Usporedba „perfekta sadašnjeg" (Present Perfect Tense) i „perfekta sadašnjeg trajnog" (Present Perfect Continupus Tense)

Postoji određena razlika u upotrebi „perfekta sadašnjeg" (Present Perfect Tense) i „perfekta sadašnjeg trajnog" (Present Perfect Continuous Tense), iako ta razlika nije toliko očita kao u upotrebi „perfekta sadašnjeg" (Present Perfect Tense) i *prošlog završenog vremena* (Simple Past Tense). Naime, kada govorimo o radnji koja je počela u prošlosti i još uvijek traje, ili je upravo završila u trenutku govora u sadašnjosti, možemo upotrijebiti ili „perfekt sadašnji" (Present Perfect Tense) ili „perfekt sadašnji trajni" (Present Perfect Continuous Tense), ali samo sa sljedećim glagolima: *expect, hope, learn, lie, live, look, rain, sleep, sit, snow, stand, stay, study, teach, wait, want, work,* npr. *How long <u>have you learnt/have you been learning</u> English?, He <u>has slept/has been sleeping</u> for ten hours,* itd., ali za razliku od „perfekta sadašnjeg" (Present Perfect Tense), u navedenom slučaju „perfekt sadašnji trajni" (Present Perfect Continuous Tense) možemo upotrijebiti i bez vremenske oznake (Thompson & Martinet, 1996., str. 173.).

Kada se radnja koja je izražena „perfektom sadašnjim" (Present Perfect Tense) ponavlja, možemo ju izraziti „perfektom sadašnjim trajnim" (Present Perfect Continuous Tense), npr. *I have written/have been writing six letters since breakfast.* Razlika u upotrebi navedena dva glagolska vremena je osobito vidljiva u sljedećim primjerima: *I have polished the car,* što znači da je radnja završena, a ako kažemo: *I`ve been polishing the car,* ne mora značiti da je radnja završena, nego vjerojatno još traje. Također, radnja izražena „perfektom sadašnjim trajnim" (Present Perfect Continuous Tense), traje do vremena odvijanja govornog čina ili vrlo blizu tog vremena, npr. *He`s been taking photos,* što znači da taj netko vjerojatno još nosi foto-aparat sa sobom (Thompson & Martinet, 1996., str. 174.).

Također, razliku između navedena dva glagolska vremena možemo uočiti ako usporedimo rečenice: *Who`s eaten my dinner?* (Present Perfect Tense) i *Who`s been eating my dinner?* (Present Perfect Continuous Tense). Naime, upotreba „perfekta sadašnjeg" (Present Perfect Tense) u prvoj rečenici ukazuje da je sva hrana pojedena, tj. da ništa nije ostalo od večere, a upotreba „perfekta sadašnjeg trajnog" (Present Perfect Continuous Tense) u drugoj rečenici ukazuje da sva hrana nije pojedena, tj. da je nešto ostalo od večere, ali može ukazivati i na nečije negodovanje, odnosno da netko kritizira što je sva hrana pojedena i što nije ništa ostalo za njega ili za nju (Quirk, Greenbaum, Leech i Svartvik, 1976., str. 97.).

Govoreći o sustavu glagolskih vremena za izražavanje prošle radnje u engleskom jeziku, važno je spomenuti: „particip prošli" (The Past Participle), „particip pretprošli aktivni" (The Perfect Participle Active) i "particip pretprošli pasivni" (The Perfect Participle Passive).

3.15. Prošlost izražena „participom prošlim" (The Past Participle)

„Particip prošli" (The Past Participle) se upotrebljava kao pridjev uz imenice, npr. *stolen money* ili *broken furniture*; za tvorbu nekih glagolskih vremena za prošlost (Simple Past Tense, Present Perfect Tense, Past Perfect Tense) (Thompson & Martinet, 1996., str. 242.).

„Particip prošli" (The Past Participle) se upotrebljava i za tvorbu „infinitiva pretprošlog" (The Perfect Infinitive),[18] npr. *to have worked/to have done*. „Particip prošli" (The Past Participle) upotrebljavamo i za tvorbu „participa pretprošlog aktivnog" (The Perfect Participle Active), npr. *having worked/having done*; za tvorbu pasiva, kojim se ovdje nećemo pobliže baviti, (The Passive Voice), npr. za tvorbu *pasiva običnog sadašnjeg vremena* (Simple Present Tense Passive) *is worked/is done*, itd.

---

[18] „Infinitiv pretprošli" (The Perfect Infinitive) tvorimo infinitivom glagola *have* i "participom prošlim" (The Past Participle) glavnog glagola (Thompson & Martinet, 1996., str. 242.).

Navedeni particip upotrebljavamo umjesto glagola u pasivu kad se dvije rečenice odnose na isti subjekt, npr. *She enters. She is accompanied by her mother* = *She enters, <u>accompanied by</u> her mother* (Thompson & Martinet, 1996., str. 242.).

3.16. Prošlost izražena „participom pretprošlim aktivnim" (The Perfect Participle Active)

„Particip pretprošli aktivni"[19] (The Perfect Participle Active) upotrebljavamo kada želimo istaći da je riječ o radnji koja se dogodila u prošlosti prije početka neke druge radnje, dakle, u istom slučaju kada se upotrebljava „perfekt prošli" (Past Perfect Tense), ali samo umjesto aktivnog glagola i to u slučaju kada se dvije rečenice odnose na isti subjekt, npr. *<u>Having tied</u> (after he had tied) one end of the rope to his bed, he threw the other end out of the window.*

3.17. Prošlost izražena „participom pretprošlim pasivnim" (The Perfect Participle Passive)

Postoji i pasivni oblik "participa pretprošlog pasivnog" (The Perfect Participle Passive),[20] npr. *having been finished/having been done.* "Particip

---

[19] „Particip pretprošli aktivni" (The Perfect Participle Active) tvorimo "participom sadašnjim" (The Present Participle) glagola *have (having)* i "participom prošlim" (The Past Participle) glavnog glagola (Thompson & Martinet, 1996., str. 243.).

[20] "Particip pretprošli pasivni" (The Perfect Participle Passive) tvorimo "participom pretprošlim aktivnim" (The Perfect Participle Active) glagola *be (having been)* i "participom prošlim" (The Present Participle) glavnog glagola (Thompson & Martinet, 1996., str. 242. – 243.)

pretprošli pasivni" (The Perfect Participle Passive) upotrebljavamo umjesto pasivnog glagola kada se dvije rečenice odnose na isti subjekt i kada se želi istaći da je riječ o radnji koja se dogodila u prošlosti prije neke druge radnje (Thompson & Martinet, 1996., str. 243.).

Dakle, "particip pretprošli pasivni" (The Perfect Participle Passive) upotrebljavamo u istom slučaju kada upotrebljavamo "pasiv perfekta prošlog" (Past Perfect Tense Passive). Primjerice: _Having been bitten twice (because he had been bitten twice), the postaman refused to deliver out letters unless we chained our dog up_ (Thompson & Martinet, 1996., str. 243.).

3.18. Izražavanje prošlosti običnim sadašnjim vremenom (Simple Present Tense)

Spomenuli smo glagolska vremena za prošlost u engleskom jeziku i participe koji služe za tvorbu pojedinih glagolskih vremena za prošlost i vidjeli da navedeni participi mogu ponekad zamijeniti neka od glagolskih vremena za prošlost.

Međutim, važno je spomenuti da se prošlost u engleskom jeziku može izraziti i glagolskim vremenima koja ne pripadaju sustavu glagolskih vremena za prošlost, npr. _običnim sadašnjim vremenom_ (Simple Present Tense). Navedeno glagolsko vrijeme, iako glagolsko vrijeme kojim se izražava radnja koja se odvija u sadašnjosti, upotrebljava se kada govorimoo nekom prošlom događaju i želimo dočarati stvarno vrijeme odvijanja tog događaja, odnosno želimo postići jači stilski učinak, pa ga često nalazimo u popularnom narativnom stilu, npr. *Just as he arrived, up comes Ben and slaps me on the back as if we`re life-long friends.* Takva upotreba navedenog glagolskog vremena naziva se *narativnim* ili *pripovjedačkim prezentom* (The Narrative Present) (Greenbaum & Quirk, 2003., str. 405.).

Također, postoji još nekoliko sličnih upotreba navedenog glagolskog vremena za izražavanje radnje u prošlosti, pa tako imamo *historijski prezent* (The Hystoric Present), npr. *Caesar crosses the Rubicon in the year 49 BC* (Greenbaum & Quirk., 2003., str. 405.).

Ovakvom upotrebom navedenog glagolskog vremena ukazuje se na neku povijesnu činjenicu, odnosno događaj koji vrijedi i danas. Postoji i *znanstveni prezent* (The Scientific Present) kojim se govori o nekoj znanstvenoj teoriji, ili otkriću, neovisno o vremenu kada je navedena teorija ili otkriće nastalo, npr. *Reinchenbach (1957:296) claims that the number of recognized grammatical tenses in English is only 6.*

Imamo i treću upotrebu navedenog glagolskog vremena i to je „skraćeno obično sadašnje vrijeme" (Reduced Present) koji susrećemo u novinskim naslovima kada ne želimo posebno naznačiti vrijeme događaja o kojemu se govori u novinskom članku, npr. *Vicar elopes with housekeeper`s daughter* (Greenbaum & Quirk., 2003., str. 405. i 440.). Takvom upotrebom navedenog glagolskog vremena može se postići stvaranje nekih općih stavova ili mišljenja kod čitatelja, npr. *These days, you can`t even trust vicars any more.* Govoreći o *historijskom prezentu* (The Hystoric Present), važno je istaći da se upotrebljava i kao stilska oznaka *fikcijskog narativnog stila* kada je riječ o *izmišljenim događajima u prošlosti*, npr. *The crowd <u>swarms around</u> the gateaway, and <u>seethes</u> with delighted anticipation; excitement <u>grows</u>, as suddenly their hero <u>makes</u> his entrance.*

Možemo ga upotrijebiti kada govorimo o prošlosti da bismo istakli da prenesena informacija još uvijek vrijedi, npr. *Jack <u>tells</u> me that the position is still vacant.* <u>Historijski prezent</u> se često upotrebljava uz glagolska vremena za prošlost u narativnom stilu i pripovjedač ponekad upotrebljava prezent, a ponekad neka od glagolskih vremena za prošlost. Takvom naizmjeničnom upotrebom *običnog sadašnjeg vremena* (Simple Present Tense) i nekog od glagolskih vremena za prošlost, pripovjedač „se šeta" između vremena kada se dogodilo ono o čemu pripovijeda i vremena u kojem pripovijeda o tom događaju, npr. *As a child, I <u>lived</u> in Singapore. It`s very hot there, you <u>know</u>, and I never <u>owned</u> an overcoat. I <u>remember</u> being puzzled at picture books showing European children <u>wrapped up</u> in heavy coats and scarfs. I <u>believe</u> I <u>thought</u> it all as exotic as children here <u>think</u> about spacemen`s clothing, you <u>see</u>* (Greenbaum & Quirk, 2003., str. 441. – 442.).

3.19. Izražavanje prošlosti konstrukcijama za budućnost: „be going to + infinitive", „be about to + infinitive" i „be eventually to + infinitive"

Osim *običnog sadašnjeg vremena* (Simple Present Tense), prošlost se u engleskom jeziku može izraziti i glagolskim vremenima za budućnost. To je slučajem kada se želi opisati nešto u budućnosti ali sa gledišta prošlosti i tada se može upotrijebiti kondicional sadašnji (The Present Conditional), ali rijetko i to u književno-narativnom stilu, npr. *The time was not far off when he would regret this decision* ili „ be going to + infinitive" konsturkcija, ali u kojoj je glagol *be* u *općem prošlom vremenu* (Simple Past Tense) i ima oblik *was* ili *were*, npr. *You were going to give me your address.* [`...but you didn`t...`].

Navedenom konstrukcijom u kojoj upotrebljavamo oblik *prošlog završenog vremena* (Simple Past Tense) glagola *be,* izražavamo neku namjeru koju smo imali prije nego što smo uradili nešto, i time namjera nije realizirana u prošlosti. Dakle, *namjeravao si mi dati svoju adresu, ali mi je ipak nisi dao.* To nismo mogli predvidjeti, jer da jesmo, upotrijebili bismo *prošlo završeno vrijeme* (Simple Past Tense) (Radden, 1989., str. 192.).

Vrijeme odvijanja govornog čina je *sadašnjost,* a vrijeme na koje se odnosi to o čemu govorimo je *prošlost* i vrijeme događanja je vrijeme koje je uslijedilo nakon vremena na koje se odnosi navedeni događaj (referentno vrijeme), a to je *budućnost.* Slična je upotreba još dviju konstrukcija:

„be eventually to + infinitive", npr. *He was eventually to end up* in the bancruptcy court; ili „be about to + infinitive", npr. *He was about to hit* me (Radden, 1989., str. 192. – 193.).

Nakon što smo razmotrili sustav glagolskih vremena za prošlost u engleskom jeziku i naveli dodatne mogućnosti izražavanja prošlosti, možemo kazati da engleski jezik ima iznimno bogat sustav glagolskih vremena za prošlost. Znamo da svako glagolsko vrijeme u engleskom jeziku ima i svoj „trajni" oblik (aspekt), pa je moguće preciznije povući granicu među glagolskim vremenima. Jedino što pravi probleme i stvara konfuzije je „perfekt sadašnji" (Present Perfect Tense) i „perfekt sadašnji trajni" (Present Perfect Continupus Tense), jer navedena dva glagolska vremena ne pripadaju u potpunosti ni glagolskim vremenima za prošlost, niti glagolskim vremenima za sadašnjost, nego pripadaju i jednim i drugim podjednako, što smo vidjeli govoreći o upotrebi navedenih glagolskih vremenā.

Probleme može izazvati i činjenica da i *obično sadašnje vrijeme* (Simple Present Tense) može izražavati prošlost, ili da konstrukcije: „be going to + infinitive," „be about to + infinitive" mogu biti upotrijebljene za izražavanje budućnosti, ali sa gledišta prošlosti.

Sada ćemo pomoću tablice prikazati kojim se sve glagolskim vremenima može izraziti prošlost u engleskom jeziku:

PROŠLOST U ENGLESKOM JEZIKU

PROŠLO ZAVRŠENO VRIJEME
(SIMPLE PAST TENSE)

1. Radnja koja se dogodila u određeno vrijeme u prošlosti i nema nikakve veze sa sadašnjošću.

PROŠLO TRAJNO VRIJEME
(PAST CONTINUOUS TENSE)

1. Radnja koja je trajala u u određeno vrijeme u prošlosti i nema nikakve veze sa sadašnjošću.

„PERFEKT SADAŠNJI"
(PRESENT PERFECT TENSE)

1. Radnja koja se dogodila u neodređeno vrijeme u prošlosti i završila do trenutka u sadašnjosti (posljedice te radnje se osjećaju u sadašnjosti).

„PERFEKT SADAŠNJI TRAJNI"
(PRESENT PERFECT CONTINUOUS TENSE)

1. Radnja koja je počela u neodređeno vrijeme u prošlosti i traje u trenutku govora u sadašnjosti ili je upravo završila u tom trenutku.

OBIČNO SADAŠNJE VRJEME
(SIMPLE PRESENT TENSE)

1. Prepričavanje prošlih događaja da bi se dočaralo stvarno vrijeme kada se nešto dogodilo ⇾ Narativni Prezent (NARRATIVE PRESENT)

2. Kada govorimo o nekoj povijesnoj činjenici (događaju) koji vrijedi i danas⇾ Historijski Prezent (HYSTORIC PRESENT)

3. Kada govorimo o nekoj znanstvenoj teoriji ili otkriću neovisno kada je nastalo ⇾ Znanstveni Prezent (SCIENTIFIC PRESENT)

4. U novinskim naslovima kada ne želimo naznačiti vrijeme događaja o kojem je riječ ⇾ „Skraženi Prezent" (REDUCED PRESENT)

ZAJEDNIČKE I RAZLIČITE OSOBINE GLAGOLSKIH VREMENA ZA PROŠLOST U HRVATSKOM I ENGLESKOM JEZIKU

4. ZAJEDNIČKE I RAZLIČITE OSOBINE GLAGOLSKIH VREMENA ZA PROŠLOST U HRVATSKOM I ENGLESKOM JEZIKU

U prethodna dva poglavlja predstavili smo sustav glagolskih vremenā za prošlost u hrvatskom i engleskom jeziku, naveli kako tvorimo navedena glagolska vremena u oba jezika i kada ih upotrebljavamo. Sada ćemo na osnovi navedenog pokušati prikazati zajedničke, odnosno razlikovne osobine glagolskih vremena za prošlost u hrvatskom i engleskom jeziku.

4.1. Zajedničke osobine glagolskih vremena za prošlost u hrvatskom i engleskom jeziku

Govoreći o glagolskim vremenima za prošlost, odnosno o načinima izražavanja vremenskih odnosa u hrvatskom i engleskom jeziku, vidjeli smo da u oba jezika prošlost može biti izražena i glagolskim vremenima koja izražavaju sadašnjost, pa tako u oba jezika imamo prezent, odnosno *obično sadašnje vrijeme* (Simple Present Tense), koje također služi za prepričavanje prošlih događaja i to u narativnom stilu, pa se naziva *historijskim* ili *pripovjedačkim prezentom* (The Historic Present) u oba jezika. Također, možemo reći da glagolska vremena za prošlost u oba jezika mogu biti upotrijebljena za izražavanje sadašnjosti ili budućnosti. Primjerice, spomenuli smo da u hrvatskom jeziku *perfekt* kao najučestalije glagolsko vrijeme za prošlost može izražavati i gotovu sadašnjost, budućnost, ili da aorist koji izražava svršenu radnju u prošlosti može izražavati budućnost, itd. U engleskom jeziku *prošlo završeno vrijeme* (Simple Past Tense) može se upotrijebiti u svakodnevnoj konverzaciji umjesto *običnog sadašnjeg vremena* (Simple Present Tense) kada želimo biti neizravni i uljudni kod postavljanja pitanja, ili ako želimo biti još neizravniji i uljudniji, možemo upotrijebiti *prošlo trajno vrijeme* (Past Continuous Tense). Također, u engleskom jeziku možemo upotrijebiti konsturkcije: „be going to + infinitive", ili „be about to + infinitive" za izražavanje budućnosti, ali sa gledišta prošlosti.

4.2. Različite osobine glagolskih vremena za prošlost u hrvatskom i engleskom jeziku

U engleskom jeziku postoji sintaktičko pravilo „slaganja vremenā" (Sequence of tenses), po kojem se sva glagolska vremena pomiču za jedno glagolsko vrijeme unatrag. Navedeno pravilo vrijedi kada govorimo o neupravnom govoru (Indirect Speech) i kada je glavni glagol u *prošlom završenom vremenu* (Simple Past Tense), dok u hrvatskom jeziku nevedeno pravilo ne postoji.

U hrvatskm jeziku razlikujemo perfektivne (svršene) glagole, npr. *doći* i imperfektivne (nesvršene) glagole, npr. *dolaziti*, dok se u engleskom jeziku problem perfektivnosti ili imperfektivnosti glagolske radnje rješava „običnim" (simple) i „trajnim" (continuous) glagolskim vremenima, pa smo kazali da svako „obično" glagolsko vrijeme ima i svoj „trajni" oblik, pa tako postoji: *prošlo završeno vrijeme* (Preterit/Simple Past Tense) i *prošlo trajno vrijeme* (Past Continuous Tense), „perfekt prošli" (Pluperfect/Past perfect Tense) i „perfekt prošli trajni" (Past Perfect Continuous Tense), itd. U hrvatskom jeziku glagolski aspekt se može razlikovati i po akcentu, što u engleskom jeziku nije slučajem, npr. glagol *pògledati* je perfektivan, glagol *pógledati* je imperfektivan. U hrvatskom jeziku svako glagolsko lice, ili barem većina, ima poseban nastavak po kojem znamo koje lice vrši radnju, npr. nastavci za aorist su: *-h, -ø, -ø, -smo, -ste, - še*, dok u engleskom jeziku većina glagolskih vremena ima isti oblik za sva lica, npr. *prošlo završeno vrijeme* (Simple Past Tense), „perfekt prošli" (Past Perfect Tense), „perfekt prošli trajni" (Past Perfect Continuous Tense), dok neka glagolska vremena imaju poseban oblik samo za prvo i treće lice jednine, npr. *prošlo trajno vrijeme* (Past Continuous Tense) ima oblik *was* + "*particip sadašnji*'' (The Present Participle) za prvo i treće lice jednine, a za ostala lica ima oblik *were*; „perfekt sadašnji" (Present Perfect Tense) ima oblik *has* + ''*particip prošli*'' (The Past Participle) samo za treće lice jednine, a *have* za sva ostala lica, itd. Engleski jezik ima i dva glagolska vremena koja ne postoje u sustavu glagolskih vremena hrvatskog jezika i koja izazivaju iznimne poteškoće, jer predstavljaju određeni „spoj" sadašnjeg i prošlog glagolskog vremena, a to su: „perfekt sadašnji" (Present Perfect Tense) i „perfekt sadašnji trajni" (Present Perfect Continuous Tense).

Nakon što smo općenito spomenuli neke sličnosti i razlike između glagolskih vremena za prošlost u hrvatskom i engleskom, pokušat ćemo uporediti svako od navedenih glagolskih vremena za prošlost u hrvatskom i engleskom jeziku i vidjeti postoje li potencijalni prijevodni ekvivalenti između glagolskih vremena za prošlost u navedena dva jezika.

4.3. Ekvivalenti između glagolskih vremena za prošlost u hrvatskom i engleskom jeziku

Da bismo utvrdili postojanje prijevodne ekvivalencije između glagolskih vremenā za prošlost u navedenim dvama jezicima, počet ćemo od najzastupljenijeg vremena za prošlost u engleskom jeziku, a to je *prošlo završeno vrijeme* (Simple Past Tense), i vidjeti postoje li potencijalni prijevodni ekvivalenti navedenog glagolskog vremena u hrvatskom jeziku, a potom isto učiniti i za ostala glagolska vremena za prošlost u engleskom jeziku.

4.3.1. Perfekt, aorist i imperfekt kao ekvivalenti *prošlog završenog vremena* (Simple Past Tense)

S obzirom na to da se *perfekt* tvori od perfektivnih i imperfektivnih glagola, pa može izražavati svršenu radnju u prošlosti, koju inače izražava aorist (iako se može tvoriti i od imperfektivnih glagola, ali rijetko i tada je stilski obilježen), nesvršenu radnju u prošlosti, koju inače izražava imperfekt (iako se može tvoriti i od prefektivnih glagola, ali također rijetko i tada je stilski obilježen), pokušat ćemo na osnovi nekoliko primjera potvrditi jesu li navedena glagolska vremena u hrvatskom jeziku prijevodni ekvivalenti engleskog *prošlog završenog vremena* (Simple Past Tense), primjerice:

a) *They built a flat opposite my house.*
   Preko puta moje kuće gradili su stan.
   (perfekt imperfektivnog glagola)

b) *They built a flat opposite my house.*
   Preko puta moje kuće sagradili su stan.
   (perfekt perfektivnog glagola)

c) *They built a flat opposite my house.*
   Preko puta moje kuće sagradiše stan. (aorist)

d) *They built a flat opposite my house.*
   Preko puta moje kuće gradijahu stan. (imperfekt)

Navedeni primjeri potvrđuju da su perfekt perfektivnih i imperfektivnih glagola, aorist i imperfekt u teoriji prijevodni ekvivalenti engleskog *prošlog završenog vremena* (Simple Past Tense).

4.3.2. Perfekt i imperfekt kao ekvivalenti *prošlog trajnog vremena* (Past Continuous Tense)

Potvrdili smo postojanje ekvivalencije između *prošlog završenog vremena* (Simple Past Tense) i hrvatskog perfekta perfektivnih i imperfektivnih glagola, aorista i imperfekta, a sada ćemo pokušati utvrditi postojanje ekvivalencije između *prošlog trajnog vremena* (Past Continuous Tense) i hrvtaskog perfekta imperfektivnih glagola i imperfekta, primjerice:

a) *I was reading a book yesterday, when somebody rang the bell.*
Jučer sam čitala knjigu, kad je netko pozvonio.
(perfekt imperfektivnog glagola)

b) *I was reading a book yesterday.*
Jučer čitah knjigu (imperfekt)

Navedeno nas upućuje na zaključak da su u teoriji perfekt imperfektivnih glagola, i imperfekt hrvatski prijevodni ekvivalenti engleskog *prošlog trajnog vremena* (Past Continuous Tense).

4.3.3. Pluskvamperfekt kao ekvivalent „perfekta prošlog" (Past Perfect Tense) i „perfekta prošlog trajnog" (Past Perfect Continuous Tense)

Sada ćemo utvrditi postojanje ekvivalencije između „perfekta prošlog" (Past Perfect Tense) i hrvatskog pluskvamperfekta perfektivnih glagola, odnosno između „perfekta prošlog trajnog" (Past Perfect Continuous Tense) i hrvatskog plsukvamperfekta imperfektivnih glagola, primjerice:

a) They had redecorated the house when I arrived.
Kad sam došla (već) su bili preuredili kuću.
(pluskvamperfekt perfektivnog glagola)

b) They had been redecorating house when I arrived.

Kad sam došla <u>bili su preuređivali</u> kuću.
(pluskvamperfekt imperfektivnog glagola)

Navedeni primjeri potvrđuju da je pluskvamperfekt perfektivnih glagola u teoriji hrvatski ekvivalent engleskog „perfekta prošlog" (Past Perfect Tense), odnosno da je pluskvamperfekt imperfektivnih glagola hrvatski prijevodni ekvivalent engleskog „perfekta prošlog trajnog" (Past Perfect Continuous Tense).

4.3.4. Perfekt kao ekvivalent „perfekta prošlog" (Past Perfect Tense) i „perfekta prošlog trajnog" (Past Perfect Continuous Tense)

S obzirom na to da se pluskvamperfekt danas rijetko upotrebljava u razgovornom, ali i u književnom jeziku, često ga zamjenjuje perfekt perfektivnih i imperfektivnih glagola, pa tako gore navedene primjere u kojima smo „perfekt prošli" (Past Perfect Tense) prevodili na hrvatski jezik pluskvamperfektom perfektivnih glagola, možemo prevesti perfektom perfektivnih glagola, a primjere u kojima smo „perfekt prošli trajni" (Past Perfect Continuous Tense) prevodili pluskvamperfektom imperfektivnih glagola, možemo prevesti perfektom imperfektivnih glagola:

a) They <u>had redecorated</u> the house when I arrived.
   Kad sam došla (već) <u>su preuredili</u> kuću.
   (perfekt perfektivnog glagola)

b) They <u>had been redecorating</u> house when I arrived.
   Kad sam došla <u>preuređivali su</u> kuću.
   (perfekt imperfektivnog glagola)

4.3.5. Perfekt i prezent kao ekvivalenti „perfekta sadašnjeg" (Present Perfect Tense) i „perfekta sadašnjeg trajnog" (Present Perfect Continuous Tense)

S obzirom na to da u hrvatskom jeziku ne postoji „perfekt sadašnji" (Present Perfect Tense), odnosno „perfekt sadašnji trajni" (Present Perfect Continuous Tense), navedeni problem rješavamo upotrebom perfekta perfektivnih, rjeđe imperfektivnih glagola i prezenta imperfektivnih glagola kada je riječ o „perfektu sadašnjem" (Present Perfect Tense) i upotrebom perfekta imperfektivnih glagola i prezenta (imperfektivnih glagola) kada je riječ o „perfektu sadašnjem trajnom" (Present Perfect Continuous Tense). Sada ćemo na osnovi primjera potvrditi postojanje navedene ekvivalencije:

a) I *have lived* in America (so I know what I am talking about)
   Živjela sam u Americi.
   (perfekt imperfetkivnog glagola)

b) I *have bought* a new dress.
   Kupila sam novu haljinu.
   (perfekt perfektivnog glagola)

c) I *have lived* in America for twenty years.
   Živim u Americi već dvadeset godina.
   (prezent imperfektivnog glagola)

d) I *have been studying* for an exam and I feel exausted.
   Učila sam za ispit i osjećam se iscrpljeno.
   (perfekt imperfektivnog glagola)

e) I *have been cleaning* the house all the morning.
   Čistim kuću cijelo jutro.
   (prezent imperfektivnog glagola)

Navedeni primjeri potvrđuju da su perfekt perfektivnih, rjeđe imperfektivnih glagola i prezent u teoriji hrvatski prijevodni ekvivalenti engleskog „perfekta sadašnjeg" (Present Perfect Tense), odnosno da su perfekt imperfektivnih glagola i prezent u teoriji hrvatski prijevodni ekvivalenti engleskog „perfekta sadašnjeg trajnog" (Present Perfect Continuous Tense).

4.3.6. Glagolski pridjev trpni (pasivni) kao ekvivalent „participa prošlog" (The Past Participle) i „glagolski prilog prošli" kao ekvivalent „participa pretprošlog aktivnog" (The Perfect Participle Active)

Iako u oba navedena jezika postoji "particip prošli" (The Past Participle), njihova upotreba nije istovjetna. Ono što nazivamo "participom prošlim" u engleskom jeziku, zapravo bi se podudaralo s upotrebom glagolskog pridjeva trpnog ili pasivnog[21] u hrvatskom jeziku. Primjerice, ako kažemo: *The letter was sent yesterday, sent* je "particip prošli" (The Past Participle), kojeg ćemo na hrvatski jezik prevesti glagolskim pridjevom trpnim *poslano* (*Pismo je poslano jučer).* Dakle, ovo je pasiv, pa se podvrgava pravilima tvorbe pasiva u oba jezika. Upotreba "participa prošlog" (The Past Participle) u

---

[21] Glagolski prijedv trpni (pasivni) tvorimo infinitivnom ili prezentskom osnovom i nastavcima: *-n, -en, -jen, -ven* i *–t* i na tako dobivenu osnovu dodaju se nastavci pridjevske deklinacije, npr. *pisan/pisana/pisano* (Skupina autora, 1997., str. 246.).

ovom slučaju je nemoguća, jer ne možemo reći: *Pismo je poslavši jučer.* Jedino možemo reći: *Poslavši pismo jučer, otišao je u Zagreb.* Ako bismo navedenu rečenicu preveli na engleski jezik, upotrijebili bismo "particip pretprošli aktivni" (The Perfect Participle Active), npr. *Having sent the letter yesterday, he went to Zagreb.*

Na osnovi navedenog možemo zaključiti da je u teoriji glagolski pridjev trpni (pasivni) hrvatski prijevodni ekvivalent engleskog "participa prošlog" (The Past Participle), odnosno da je "glagolski prilog prošli" hrvatski prijevodni ekvivalent engleskog "participa pretprošlog aktivnog" (The Perfect Participle Active).

Sada ćemo pomoću tablice prikazati potencijalne ekvivalente između glagolskih vremena za prošlost u hrvatskom i engleskom jeziku:

HRVATSKI	ENGLESKI
a) PERFEKT (perfektivni i imperfektivni glagoli) b) AORIST c) IMPERFEKT	PROŠLO ZAVRŠENO VRIJEME (Simple Past Tense)
a) PERFEKT (imperfektivni glagoli) b) IMPERFEKT	PROŠLO TRAJNO VRIJEME (Past Continuous Tense)
a) PLUSKVAMPERFEKT (perfektivni glagoli) b) PERFEKT (perfektivni glagoli)	„PERFEKT PROŠLI" (Past Perfect Tense)
a) PLUSKVAMPERFEKT (imperfektivni glagoli) b) PERFEKT (imperfektivni glagoli)	„PERFEKT PROŠLI TRAJNI" (Past Perfect Continuous Tense)
a) PERFEKT (perfektivni, rjeđe imperfektivni glagoli) b) PREZENT (imperfektivni glagoli)	„PERFEKT SADAŠNJI" (Present Perfect Tense)
a) PERFEKT (imperfektivni glagoli) b) PREZENT (imperfektivni glagoli)	„PERFEKT SADAŠNJI TRAJNI" (Present Perfect Continuous Tense)

KONTRASTIVNA ANALIZA TEKSTOVA

5. KONTRASTIVNA ANALIZA TEKSTOVA

Sada ćemo navedenu tvrdnju o potencijalnim ekvivalentima pokušati potvrditi analizom glagolskih vremena za prošlost u romanima: *Lord Jim,* autora Josepha Conrada i *Ponos i predrasude (Pride and Prejudice),* autorice Jane Austen i vidjeti kako su glagolska vremenā za prošlost u engleskoj verziji romana na hrvatski jezik preveli Tin Ujević (u romanu *Lord Jim*) i Tomislav Odlešić (u romanu *Ponos i predrasude*).

Navedeni romani će poslužiti kao reprezentativni uzorci, što znači da ćemo i u praksi pokušati dokazati vrijedi li navedena tvrdnja o potencijalnim ekvivalentima između hrvatskih i engleskih glagolskih vremena za prošlost koju smo spomenuli u teoriji. Naravno, navedenu analizu ne možemo uzeti kao pravilo, jer će svaki prevoditelj istu rečenicu prevesti na drugačiji način, pa će i upotreba glagolskih vremena biti različita kod različitih prevoditelja.

5.1. Simple Past Tense → Perfekt (perfektivni glagoli)

1) *To the white man in the waterside business and to the captains of ships he was just Jim – nothnig more. (J.C.)*
   Za bijelce u poslovnom životu u lukama i za kapetane brodova on je bio samo Jim – ništa više.

2) *He learned there a little trigonometry and how to cross topgallant yards.*

Ondje *je naučio* malo trigonometrije i vještinu prelaska preko križa na jarbolu.

3) *Mr. Symons saw it.*
   Vidio ga je g. Symons.

4) *Nevertheless he brooded that evening while the bowman of the cutter – a boy with a face like a girl`s and big grey eyes – was the hero of the lower deck.*
   Pa ipak *je* te večeri *ostao* po strani i razmišljao, dok je prvi veslač onog čamca – mladić lica kao u djevojke i velikih sivih očiju – *bio* junak donje palube.

5) *This reward eluded him.*
   Te nagrade Jim *nije postigao.*

6) *Only once in all the time he had again the glimpse of the earnestness in the angre of the sea.*
   Jedan jedini put u cijelo to vrijeme ponovno *je spoznao* ozbiljnost što se krije u bjesnilu mora.

7) *The skipper presented an unmoved breadth of back.*
   Kapetan mu *je okrenuo* nepomična, široka leđa.

8) *Where did you get drink?*
   Gdje si *se napio?*

9) *She went over whatever it was as easy as a snakecrawling over a stick.*
   Prešao je preko one zapreke, ma što ona *bila,* isto onako lako kao zmija koja gmiže preko nekog štapa.

10) *I lowered then the lamp the whole drift of its lanyard, and saw that the forepeak was more than half full of water already.*
   Spustio sam svjetiljku koliko god joj je poklopac bio

dugačak, i vidio sam da je dno prednjeg dijela već više od polovice preplavila voda.

11) I did not think of danger just then.
   U onom času nisam ni pomislio na opasnost.

12) My eyes met his eyes for the first time at the inquiry.
   Moje su se oči prvi put susrele s njegovim prvi put na onoj raspravi.

13) That old mad rogue upstairs called me a hound.
   Taj me je mahniti lopov izgrdio gore kao psa.

14) The police plucked him off a garbageheap in the early morning.
   Policija ga je sutradan rano ujutro pokupila s neke hrpe smeća.

15) He jumped overboardvat sea barely after the end of inquiry...
   Skočio je s broda u more jedva tjedan dana nakon završetka rasprave...

16) He committe suicide very soon after.
   Uskoro poslije toga počinio je samoubojstvo.

17) I said nothing.
   Nisam ništa odgovorio.

18) There was oil – feeder where he left it near by.
   Bočica ulja ostala je ondje gdje ju je ostavio.

19) The traffrail-log marked eighteen mulesand three quarters...
   Mjerilo je na gornje dijelu krme zabilježilo osamnaest milja i tri četvrti...

20) *Brierly <u>said</u> these words with a most unususal animation, and <u>made</u> as if to reach his pocket-book.*
   Brierly <u>je izgovorio</u> te riječi vrlo neobično uzbuđen i <u>učinio</u> kretnju kao da će izvaditi svoju novčarku.

21) *Of course I <u>declined</u> to meddle.*
   Dakako, <u>odbio sam</u> posredovati.

22) *The dog inn the very act of trying to senak in at the door, <u>sat down</u> hurriedely to hunt for flies.*
   Pas se pokušao prošuljati kroz vrata, ali <u>je</u> tada naglo <u>sjeo</u> na zemlju i poečo loviti buhe.

23) *The most resassuring symptom I <u>noticed was</u> a kind of slow and ponderous hesitation, which I <u>took</u> as a tribute to the evident sincerity of my manner and my tone.*
   Najutješniji znak koji <u>sam opazio bila je</u> neka vrsza polaganog i ozbiljnog oklijevanja.

24) *This <u>opened</u> suddenly a new view oof him to my wonder.*
   Začudio sam se, jer mi ga <u>je</u> to najednom <u>pokazalo</u> u novom svjetlu.

25) *That`s how I <u>summed</u> him up to myself after he <u>left</u> me late in the evening.*
   Tako <u>sam</u> u sebi <u>zaključio</u> svoj sud o njemu kad <u>se</u> uvečer sa mnom <u>oprostio</u>.

26) *The fat skipper <u>told</u> some story...*
   Debeli <u>je</u> kapetan <u>ispripovjedao</u> svoju priču...

27) *But no doubt he <u>managed</u> to get a fresh foothold very soon.*
   Svakako <u>je</u> vrlo brzo <u>uspio</u> steći novo uporište.

28) *He <u>got</u> to the heart of it at last!*
   On mu <u>je</u> naposljetku <u>prodro</u> i u samo srce!

29) A strange look of beatitude _overspread_ his features...
Čudni _se_ neki izraz blaženstva _rasprostro_ preko njegovih crta.

30) He _swayed_ me.
Ovladao je mnome.

31) They _stopped_ him at last.
Napokon _su_ ga _ušutkali_.

32) This episode _was_ the sensation of the second day`s proceedings...
Ta _je_ epizoda _pobudila_ senzaciju drugog dana rasprave...

33) I _hit_ him without looking.
Udario sam ga ne gledajući kamo.

34) But that _was_ all over anyhow.
Ali tada _je_ sve sasvim _propalo_.

35) Three times this _occured_.
To _se dogodilo_ triput.

36) She just _dipped_ her bows and _lifted_ them gently and slow, everlastingly slow and ever so little.
On _je_ samo _spustio_ svoj pramac i blago ga _dignuo_ i polagano, beskrajno polagano, i samo malo.

37) It _managed_, though, to knock over something in my head.
Pa ipak _uspjelo je_ pokrenuti nešto u mojoj glavi.

38) I _held_ my peace.
Ostao sam sasvim miran.

39) He _didn`t_ excatly _fall_, he only _slid_ gently into a sitting posture...
Nije baš sasvim doslovce _pao_, samo se polagano _spustio_ tako da je sjeo...

40) *Of course I never knew. (J.C.)*
   Ja to, dakako, nisam nikada sigurno saznao.

41) *In a few days Mr Bingley returned Mr Bennet`s visit...*
(J.A.)
   Za nekoliko je dana gospodin Bingley uzvratio posjet gospodinu Bennetu...

42) *Lady Lucas quieted her fears a little...*
   Njezino je strahovanje donekle smirila Lady Lucas...

43) *The evening altogether passed off pleasantly to the whole family.*
   Večer je uglavnom protekla ugodno za cijelu obitelj.

44) *They returned, therefore, in good spirits to Longbourn...*
   Stoga su se u dobrom raspoloženju vratile sve u Longbourn...

45) *First of all, he asked Miss Lucas.*
   Najprije je zamolio gospođicu Lucas.

46) *Mr Bingley inherited property to the amount of nearly an hundred thousand pounds from his father...*
   Gospodin Bingley je naslijedio imetak u iznosu od sto tisuća funti od svog oca...

47) *In that respect his friend had greately the adventage.*
   U tom ga je pogledu prijatelj znatno nadmašio.

48) *His doing so drew her notice.*
   Odmah je opazila to njegovo prisluškivanje.

49) *It was Sir William Lucsas`s...*

   Dogodilo se to kod Sir Williama Lucasa...

50) *Their lodgings were not long a secret... (J.A.)*
   Časnički stanovi nisu dugo ostali tajnom.

5.1.1.Simple Past Tense ⇢ Perfekt (imperfektivni glagoli)

1) *Jim thought it a pitiful display of vanity. (J.C.)*
   Jim je na to gledao kao na bijedno tašto razmetanje.

2) *He felt angry with the brutal tumult of earth and sky...*
   Ljutio se na onaj divlji bijes zemlje i neba.

3) *Jim looked ever day over the thickets of gardens, beyond the roofs of the town, over the fronds of palms growing on the shore...*
   Jim je svakog dana gledao iznad gustih vrtova, preko gradskih krovova, kroz lepeze palma što rastu na obali.

4) *They had now a horror of the home service, with its harder conditions, severer view of duty, and the hazard of stormy oceans.*
   Oni su se sada s užasom klonili službe na engleskim brodovima, njezinih težih uvjeta, strožih nazora o dužnosti i opasnosti bijesnih oceana.

5) *They talked everlastingly of turns of luck...*
   Neprestance su pričali o kolu sreće...

6) *To Jim that gossiping crowd, viewd as seamen, seemed at first moe unsubstantial than so many shadows.*
   Ta brbljava gomila takozvanih pomoraca u prvi mah se činila Jimu nestvarnija i od samih sjena.

7) *In time, beside the original disdain there grew up slowly another sentiment...*
   I malo-pomalo razvijao se u njemu uz prvobitni prijezir i jedan drugi osjećaj...

8) They _came_ from solitary huts in the wilderness, from
populous campongs, from villages by the sea.

> _Dolazili su_ iz osamljenih koliba u pustoši, iz napučenih
> malajskih četvrti campongs, iz sela u blizini mora.

9) He _invoked_ the favour of the Most High upon that journey,
implored His blessing on men`s toil nd on secret purposes of
their hearts.

> _Zazivao_ je milost Svevišnjega za to putovanje, toplo _je_
> _molio_ njegov blagolsov za trud ljudi i za tajne želje
> njihovih srdaca.

10) The Patna, with a slight hiss, _passed over_ that olain
luminuous and smooth, _unrolled_ a black ribbon of smoke
across the sky,left behind her on the water a white ribbon of
foam that _vanished_ once...

> _Patna je slabim zviždanjem prelazila preko te svijetle i_
> _glatke ravnice, odmatala crni trak dima prema nebu,_
> _ostavljala za sobom na vodi bijeli trak pjene, koja je_
> _smjesta iščezavala._

11) The awnings _covered_ the deck with a white roof from stem
to stern, and a faint hum, a low murmur of sad voices, alone
revealed the presence of a crowd of people upon the great blaze
of the ocean.

> _Razapeto je platno pokrivalo palubu kao bijeli krov s kraja_
> _na kraj, a slabo zujanje, tiho mrmljanje žalosnih glasova_
> _jedino je odavalo nazočnost mnoštva ljudi na velikom_
> _plamenu oceana._

12) The nights _descended_ on her like a benediction.

> _Noći su silazile nada nj poput blagolsova._

13) A marvellous stillnes _pervaded_ the world, and the stars,
together with the serenity of their rays, _seemed_ to shed upon
the earth the assurance of everlasting security.

> _Čudesna je tišina prožimala svijet, a zvijezde kao da su_
> _zajedno s vedrinom svojih zraka sipale na zemlju obećanje_
> _vječne sigurnosti._

14) The ship _moved_ so smoothly that her onward motion _was_ imperceptible to the senses of men...
    Brod _se kretao_ tako mirno da ljudi nejgovo napredovanje nisu svojim ćutilima _zamjećivali_...

15) The wheezy thump of the engines _went on_.
    Strpljivo _se_ dahtanje strojeva _nastavljalo_.

16) Outside the court the sun _blazed_ – within was the wind of great punkahs that _made_ you _shiver_, the shame that _made_ you _burn_, the attentive eyes whose glance _stabbed_.
    Pred sudnicom _je plamtjelo_ sunce – a u njoj _ste se tresli_ od vjetra velikih lepeza, _gorjeli_ od srama, pažljive _su_ vas oči _probadale_ svojim pogledom.

17) The light of a broad window under the ceiling _fell_ from above on the heads and shoulders of the three men, and they _were_ fiercely _distinct_ in the half-light of the bog court-room...
    Svjetlost je sa široka prozora pod stropom _padala_ odozgo na glave i ramena te dvojice, i onu _su se_ oštro _isticali_ u polusvjetlu goleme sudske dvorane...

18) They _demanded_ facts from him...
    Oni _su_ od njega _zahtijevali_ činjenice...

19) The whole waterside _talked_ of nothing else.
    Cijela _je_ obala _pričala_ samo o tome.

20) He _scrutinized_ my face with wild and withering contempt.
    Promatrao je moje lice s divljim i poraznim prijezirom.

21) The soft wind of the tropics _played_ in that naked ward...
    Blagi _se_ vjetar žarkog pojasa _poigravao_ u tom pustom bolničkom odjelu.

22) He _slapped_ his low and wrinkled forehead.
    Udarao je po svom niskom i naboranom čelu.

23) I _heard_ him out in silence.
   Slušao sam ga šuteći.

24) I _watched_ him.
   Promatrao sam ga.

25) We _faced_ each other.
   Gledali smo se oči u oči.

26) We _confronted_ each other in silence.
   Stajali smo jedan prema drugome šuteći.

27) He _contemplated_ the wretched animal, that _moved_ no more than an effigy.
   Promatrao je nesretnu životinju, koja se uopće _nije micala_, kao da je kip.

28) He _talked_ soberly, with a sort of composed unreserve...
   Govorio je promišljeno, s nekom vrstom sabrane prostodušnosti...

29) My mind _floated_ in a sea of conjectures...
   Moj _se_ duh _gubio_ u moru nagađanja.

30) On little octagon tables candles _burned_ in glass globes.
   Na malim osmerokutnim stolovima _gorjele su_ svijeće u staklenim kuglama.

31) The riding lights of ships _winkled_ afar like setting stars...
   Pomična svjetla na brodovima _žmirkala su_ u daljini kao zvijezde koje se gase...

32) I _listen_ with concentrated attention...
   Slušao sam ga sa sabranom pozornošću...

33) He _provoked_ one by his contradictory indiscretions.
   Izazivao me svojim proturječnim neporeznim riječima.

34) *The soft clashes of crockery <u>reached</u> us faintly through the high windows.*
Prigušena zveka posuđa slabašno <u>je dopirala</u> do nas kroz visoke prozore.

35) *Something <u>held</u> his arms down along his sides.*
Nešto mu <u>je zadržavalo</u> ruke koje su visjele niz bokove.

36) *They <u>tramped</u>, they <u>wheezed</u>, they <u>shoved</u>, they <u>cursed</u> the boat, the ship, each other – <u>cursed</u> me.*
Oni <u>su lupali</u> nogama, <u>dahtali</u>, <u>gurali</u>, <u>proklinjali</u> čamac, brod, jedan drugoga – <u>proklinjali</u> mene.

37) *I <u>didn`t move</u>, I <u>didn`t speak.</u>*
<u>Nisam se micao</u>, <u>nisam govorio.</u>

38) *I <u>watched</u> the slant of the ship.*
<u>Promatrao sam</u> nagibanje broda.

39) *He <u>gave</u> signs of irritation.*
On <u>je pokazivao</u> znakove razdražljivosti.

40) *He <u>wagged</u> his old chin knowingly.* (J.C.)
<u>Micao je</u> likavo svojom starom bradom.

41) *They <u>attacked</u> him in various ways – with barefaced questions, ingenious supposition, and distant surmises...* (J.A.)
<u>Napadale su</u> ga na razne načine – otvorenim pitanjima, vještim pretpostavkama i zaobilaznim nagađanjima.

42) *Mr Darcy <u>danced</u> only once with Mrs Hurst and once with Miss Bingley...*
Gospodin Darcy <u>plesao je</u> samo jedanput s gospođom Hurt i jedanput s gospođicom Bingley...

43) *Elizabeth <u>felt</u> Janes`s pleasure.*
Elizabeth <u>je osjećala</u> Janeinu radost.

44) *Elizabeth listened in silence...*
    Elizabeth je slušala šutke.

45) *Hi did look at it, and into it for half na hour...*
    Razgledavao ga je izvana i iznutra oko pola sata.

46) *Miss Bennet`s pleasing manners grew on the goodwill of Mrs Hurst and Miss Bingley...*
    Simpatično ponašanje gospođice Bennet sve je više osvajalo naklonost gospođice Hurst i gospođice Bingley...

47) *He listened to her with perfect indifference while she chose to entertain herself in this manner...*
    Slušao ju je potpuno ravnodušno dok je ona davala sebi oduška zajedljivim riječima...

48) *Every day added something to their knowledge of the officer`s names and connections.*
    Svaki je dan dodavao ponešto njihovu znanju o časničkim imenima i vezama.

49) *The rain continued the whole evening without intermission.*
    Kiša je padala cijelu večer bez prestanka.

50) *Elizabeth silently attended her. (J.A.)*
    Elizabeth ju je šutke dvorila.

5.1.2. Simple Past Tense → Aorist

1) *He saw the boat, men drop swiftly below the rail... (J.C.)*
   On vidje kako se čamac s momčadi žurno spušta ispod ograde.

2) *The Patna cast off and backed away from the warf.*
   Patna se odveza i otisnu od obale.

3) I *was* *sorry* for my folly.
   Požalih svoju ludost.

4) We *came out* on the bridge...
   Mi *iziđosmo* na most...

5) My legs *got soft* under me.
   Moge *klonuše* poda mnom.

6) Then it was that our glances *met*.
   Upravo se u tom času naše oči *susretoše*.

7) The white men *began* to troop out at once.
   Bijelci smjesta *počeše* izlaziti.

8) I *said*, „No" at once.
   Smjesta *odgovorih*: Nisam.

9) I *caught* the words: Well – buffalo – stick – in the greatness of my fear...
   Ja *uhvatih* riječi: Molim – bivol – štap – u svom velikom strahu...

10) Good God! I *stammered*, You don`t think that I...
    Dobri Bože! *Promucah*, valjda ne mislite da sam ja...

11) Don`t be a fool, I *cried* in exasperation.
    Ne ludujte, *ponovih*.

12) His lips *pouted* a little...
    Usne mu se malo *napućiše*...

13) I *felt* a creepy sensation all down my backbone.
    Osjetih kako me podilazi jeza niz cijelu kralježnicu.

14) I *hit* him.
    Udarih ga.

15) *He began to walk with measured steps to and fro before my chair...*

> *Jim poče hodati odmjerenim koracima amo-tamo ispred moga stolca...*

16) *We exchanged a few apparently innocent remarks...*
> *Razmjenismo naoko nekoliko bezazlenih riječi...*

17) *I raised my eyes...*
> *Ja podigoh oči...*

18) *And suddenly I began to admire the discrimination of the man...*
> *A ja se najednom zadivih sposobnosti razumijevanja tog čovjeka...*

19) *I percieved that the last three fingers of his wounded hand were stiff...*
> *Opazih da su tri posljednja prsta nnjegove ranjene ruke ukočena...*

20) *He drank carelessly...*
> *On nehajno ispi svoju čašu...*

21) *I felt angry.*
> *Ja se razljutih.*

22) *He coloured all over, while in my confusion I half-choked myself with my own tongue.*
> *On sav pocrveni, a ja se u svojoj zabuni umalo ne udavih vlastitim jezikom.*

23) *And in Brisbane, where I went to have a last cry, they gave me the name of a lunatic.*
> *A u Brisbeneu, kamo sam otiša posljednji put okušati sreću, nazvaše me luđakom.*

24) I <u>said</u> nothing.
   Ne <u>odgovorih</u> ništa.

25) At this point I <u>took up</u> a fresh sheet and <u>began</u> to write resolutely.
   U tom času <u>uzeh</u> novi list i <u>počeh</u> odlučno pisati.

26) Some <u>said</u> one thing and some another...
   Neki <u>rekoše</u> jedno, neki drugo...

27) At last I <u>saw</u> him sitting on a small heap of firt ten feet away.
   Napokon ga <u>ugledah</u> gdje počiva u maloj hrpi blata, deset stopa od mene.

28) At once my heart <u>began</u> to beat quick.
   Odjednom mi srce <u>poče</u> brzo udarati.

29) He <u>stood up</u> with the tips of his fingers resting on the desk.
   Tada <u>ustade</u>, naslanjajući se vršcima prstiju na stol.

30) It was at breakfast of the morning following our talk about Jim that he <u>mentioned</u> the place...
   Onoga jutra, poslije našeg razgovora o Jimu, Stein za zajutarkom <u>spomenu</u> to mjesto...

31) I <u>ordered</u> my gig manned at once..
   Ja <u>zapovjedih</u> da smjesta spuste čamac...

32) A moment later we <u>passed</u> the mouth of a muddy creek.
   Čas kasnije <u>prođosmo</u> mimo ulaza u neku muljevitu dražicu.

33) They <u>did</u> him actually <u>bring</u> out to him a nickel clock...
   Oni mu zaista <u>donesoše</u> nekakvu budilicu od nikla...

34) They <u>put</u> him <u>down</u> on a level place upon the slope...
   <u>Smjestiše</u> ga na zaravanku obronka...

35) *In the small hours they _began_ creeping up...*
    U rane sate oni se _počeše_ šuljati gore...

36) *Some muttered allusions, which followed, to dogs and the smell of roast-meat, _struck_ me as singularly felicitous.*
    Neke aluzije, koje je zatim promrmljao na pse i miris pečenke, _dojmiše_ me se kao osobito prikladne.

37) *Her big eyes _flashed_...*
    Njezine krupne oči _bljesnuše_...

38) *In the passage they _disturbed_ an old hag..*
    U prolazu oni _uznemiriše_ neku staru vješticu...

39) *Jim and the girl _stopped_ in the rank grass.*
    Jim i djevojka _zaustaviše_ se u bujnoj travi.

40) *He _remained_ alone in the darkness...*
    On _osta_ sam u tami...

41) *Mary _wished_ to say something very sensible, but knew not how. (J.A.)*
    Mary _htjede_ kazati nešto vrlo mudro, ali nije znala što.

42) *The ladies _grived_ over such a number of ladies...*
    Djevojke _se_ _rastužiše_ zbog tako velikog broja dama...

43) *Mrs Hurst and her sister _allowed_ it to be so...*
    Gospođa Hurst i njezina sestra _složiše se_ da je tako...

44) *The two youngest _repaired_ to the lodgings of one of the officers` wives...*
    Obje mlađe sestre _odoše_ kući neke časničke žene...

45) *At five o`clock the two ladies _retired_ to dress...*
    U pet sati obje se dame _povukoše_ kako bi se presvukle...

46) *Both _hanged_ colour...*
    Obojica _promijeniše_ boju...

47) *She _said_ no more, and they went down the other dance and _parted_ in silence.*
   Elizabeth _ne reče_ više ništa; završivši i drugi ples, _rastadoše_ se šutke.

48) *Mrs Bennet was in fact too much overpowered to say a great deal while Sir William remained; but no sooner had he left them then her feeling _found_ a rapid vent.*
   Goospođa Bennet se previše zgranula da bi mogla mnogo pričati dok je sir William bio tu; međutim, čim je otišao, njezini osjećaji brzo _nađoše_ odušak.

49) *Elizabeth _shook_ her head over this letter.*
   Elizabeth _zatrese_ glavom nad tim pismom.

50) *Mr Collins and Charlotte _appeared_ at the door, and the carriage _stopped_ at a small gate...* (J.A.)
   Na kućnim _se_ vratima _pojaviše_ gospodi Collins i Charlotte, a kola _se zaustaviše_ kraj malog kolnog ulaza...

5.1.3. Simple Past Tense → Imperfekt

U navedenim romanima koji su poslužili kao predlošci za utvrđivanje ekvivalencije između glagolskih vremena za prošlost u hrvatskom i engleskom jeziku nema primjera upotrebe imperfekta u prijevodu *prošlog završenog vremena* (Simple Past Tense) s engleskog na hrvatski jezik, što upućuje na zaključak da, iako se u teoriji imperfekt može smatrati jednim od prijevodnih ekvivalenata *prošlog završenog vremena* (Simple Past Tense), vidjeli smo da ga nema u književnom stilu (barem ne u novijim prijevodima), što pokazuje da u praksi imperfekt ne možemo smatrati jednim od prijevodnih ekvivalenata *prošlog završenog vremena* (Simple Past Tense).

Navedena analiza *prošlog završenog vremena* (Simple Past Tense) u engleskim verzijama navedenih dvaju romana i njihovih prijevoda na hrvatskom jeziku kojom smo potvrdili da su i u praksi perfekt perfektivnih i imperfektivnih glagola i aorist prijevodni ekvivalenti *prošlog završenog vremena* (Simple Past Tense), djelimično potvrđuje rezultat sličnog istraživanja koje je proveo Leonardo Spalatin u svom članku: *The English Preterit Tense and its Serbo- Croatian Equivalents* (prema Filipović, 1971., str. 103. – 107.), u kojem je ustanovio da su perfekt perfektivnih i imperfektivnih glagola i aorist prijevodni ekvivalenti engleskog *općeg prošlog vremena* (Preterit/Simple Past Tense), npr. *I took out that sheet of paper Isabel had given me* → *Izvadio sam (izvadih) onaj papir što mi ga je dala Izabela* i *The other hands pointed to five past nine* → *One dvije kazaljke su pokazivale da je devet sati i pet minuta.* Međutim, analiza koju je proveo Spalatin potvrđuje postojanje imperfekta kao jednog od prijevodnih ekvivalenata *prošlog završenog vremena* (Simple Past Tense), što potvrđuje našu tvrdnju u teoriji, ali ne i u praksi, npr. *The other two hands pointed to five past nine* → *Druge dvije kazaljke pokazivahu da je devet sati i pet minuta.*

Spalatin također spominje *prezent* kao potencijalni prijevodni ekvivalent *prošlog završenog vremena* (Simple Past Tense) kada se upotrebljava s priložnim oznakama: *nowadays (dandanas), today (danas)* i *now (sada)*, npr. *It <u>took</u> longer for the Colonel to recover nowadays* –> *Dandanas <u>treba</u> pukovniku dulje da se oporavi*, ali i bez priložnih oznaka (posebice prezent perfektivnih glagola) i ističe da se ovakav prezent nazvan *pripovjedačkim prezentom* može zamijeniti: perfektom, ili rjeđe aoristom i imperfektom kad je prošlost naznačena kontkestom, npr. *The boy <u>indicated</u> a tall dingy house* –> *Dječak <u>pokaže</u> visoku prljavu zgradu*, ili eksplicitno priložnom oznakom za prošlost, npr. *yesterday (jučer)*, *a week ago (prije tjedan dana)*, itd., npr. *Yesterday the boy <u>indicated</u> a tall dingy house* –> *Jučer <u>je</u> dječak <u>pokazao</u> (<u>pokaže</u>) visoku prljavu zgradu*.

Također, navodi prezent imperfektivnih glagola kao najčešći prijevodni ekvivalent engleskog *prošlog završenog vremena* (Simple Past Tense) kada je riječ o neupravnom govoru sa „slaganjem vremena" (Sequence of tenses), npr. *He said that he <u>hated</u> me* –> *Rekao je da me <u>mrzi</u>*; kao prijevodni ekvivalent *prošlog završenog vremena* (Simple Past Tense) u izrazima sličnim poslovicama koje imaju „svevremensku dimenziju", npr. *What <u>convinced</u> in January wouldn`t necessarely convince in August* –> *Što te <u>osvjedočuje</u> u siječnju, neće te nužno osvjedočiti u kolovozu*; s izrazom *let*, npr. *Let the English think what they <u>wished</u>* –> *Neka Englezi <u>misle</u> kako <u>hoće</u>*; za izražavanje nečega suprotnog sadašnjosti (što naziva „nestvarnim preteritom" – Imaginative Preterit) iza izraza: *wish, as though, I`d rather, I`d sooner*, itd., npr. *You use the word as though it <u>were</u> an insult* –> *Ti upotrebljavaš tu riječ kao da <u>je</u> uvreda*.

Osim navedenog, Spalatin spominje i *kondicional prvi (sadašnji)* kao prijevodni ekvivalent *prošlog završenog vremena* (Simple Past Tense) u pogodbenim rečenicama drugog tipa (Conditional Clauses Type 2), npr. *If I <u>had</u> money I would give it to you* –> *Kada <u>bih imao</u> novaca, dao bih ti.*

Kao što vidimo, analiza koju je proveo Spalatin u svom članku navodi i *prezent imperfektivnih glagola* i *kondicional prvi (sadašnji)* kao prijevodne ekvivalente *prošlog završenog vremena* (Simple Past Tense) u određenim situacijama (Conditional Clauses Type 2, Imaginative Preterit, Sequence of tenses), ali mi se navedenim problemima nećemo baviti u ovom radu, jer bi nas to isuviše udaljilo od onoga što nas zapravo zanima, a to su glagolska vremena za prošlost u hrvatskom i engleskom jeziku.

5.2. Past Continuous Tense → Perfekt (imperfektivni glagoli)

1) *The boys <u>were streaming</u> up the ladders. (J.C.)*
   Drugovi <u>su navaljivali</u> na ljestve.

2) *He <u>was hanging</u> on with both hands to the rail, a shadowy figure with flexible legs.*
   On <u>se</u> objeručke <u>vješao</u> za ogradu, mračan lik klecavih nogu.

3) *The questions <u>were aiming</u> the facts...*
   Pitanja <u>su zahtijevala</u> činjenice...

4) ... *and from below many eyes were looking at him out of dark faces, out of white faces, out of red faces...*

> ... *a odozgo je u nj gledalo mnogo očiju s tamnih lica, s bijelih lica, s crvenih lica...*

5) *I fancy he was asking him...*

> *Čini mi se da ga je pitao...*

6) *He was becoming irrelevant.*

> *Počinjao je zastranjivati od predmeta.*

7) *He was coming to that, he was coming to that...*

> *Dolazio je do onoga, dolazio je do onoga...*

8) *At present he was answering question that did not matter...*

> *Sad je odgovorio na pitanja koja nisu bila važna...*

9) *His steamer was loading in the Roads, and he was abusing the tyrannical institutions of the German empire, and soaking himself in beer all day long and day after day in De Jongh`se back-shop...*

> *Njegov su parobrod tada nakrcavali na sidrištu, a on je psovao tiranske ustanove Njemačkog Carstva i kupao se u pivu cijeli Božji dan, i to dan za danom, u stražnjem dijelu De Jonghova lokala.*

10) *I was looking at him from the shade.*

> *Gledao sam ga iz hladovine.*

11) *He was hurrying on a little advance...*

> *Žurio se malo ispred drugih...*

12) *Well, Ruthvel says he was giving himm a severe lecture...*

> *Ruthvel mu je, dakle, kako sam kaže, upravo čitao bukvicu...*

13) *He was bitting his thumb...*

> *Grizao je svoj palac...*

14) We _were passing_ to the north of the Hectro`s bank that voyage.

    Na tom _smo_ putovanju _plovili_ sjeverno od Hectorove obale.

15) All this _was taking_ place, more than two years afterwards...

    Sve _se_ to _zbivalo_ više od dvije godine kasnije...

16) I _was getting_ a little angry, too, at the absurdity of this encounter.

    Počinjao sam se također pomalo ljutiti na besmislenost toga susreta.

17) ... but he _was lowering_...

    ali _se saginjao_ prema meni...

18) He _was smoking_ reflectively...

    On _je_ zamišljeno _pušio_...

19) I _was holding_ up my lamp along the angle-iron in the lower deck...

    Držao sam svjetiljku uz željezni kut na donjoj palubi...

20) Somebody _was speaking_ aloud inside my head...

    Netko _je_ glasno _govorio_ u mojoj glavi...

21) They _were exchanging_ jocular reminiscences of the donkeys in Cairo.

    Izmjenjivali su šaljiva uspomene na magarce u Kairu.

22) Some of the crew _were sleeping_ on the number one hatch within reac of my arm, began Jim again.

    Neki _su_ od posade _spavali_ uz otvor broj jedan, na dohavt moje ruke, nastavi Jim.

23) He _was stopping_ me, time _was pressing_...

    Zadržavao me _je_, vrijeme _je prolazilo_...

24) When I got on the bridge at last the beggars _were getting_ one of the boats off the chocks.

> Kad sam napookon došao na most, nesretnici _su spuštali_ jedan od čamaca s boka.

25) He _was not speaking_ to me, he _was_ only _speaking_ before me...

> _Nije govorio_ meni, on _je_ samo _govorio_ preda mnom...

26) I _was saying_ to myself, Sink – curse you! Sink!

> _Govorio sam_ u sebi: „Potono – proklet bio!Potoni!

27) She _was going_ down, down, head first under me...

> Brod _je tonuo, tonuo,_ njegov je prednji dio prvi tonuo poda mnom...

28) A thin cold drizzle _was driving_ into their faces.

> Sitna ih _je_ i hladna kiša _šibala_ po licu.

29) They _were abusing_ me – _abusing_ me... by the name of George.

> _Grdili su_ me – _grdili_... nazivajući me „George".

30) The other beast _was coming_ at me...

> Ona _je_ druga životinja _dolazila_ prema meni...

31) They _were begging_ me to be sensible...

> _Molili su_ me neka budem pametan...

32) I suppose you think I _was going_ mad, he began in a changed tone.

> Vi sad vjerojatno mislite da _sam silazio_ s uma poče on promijenjenim tonom.

33) I _was thinking_ as cooly as any man that ever sat thinking in the shade.

> _Mislio sam_ hladno kao što bi mogao misliti čovjek koji sjedni u hladnoći.

34) He _was looking_ me squarely in the face...
   Gledao me ravno u lice...

35) He _was_ then _working_ for De Jongh, on my recommendation.
   On _je_ tada, na moju preporuku, _radio_ za De Jongha.

36) And even while I _was speaking_ I was imaptient to begin the letter...
   Dok _sam_ još _razgovarao_, osjećao sam nestrpljivu ćelju da započnem to pismo...

37) He _was running._
   Trčao je.

38) Three native boatmen quarelling over five annas _were making_ an awful row at his elbow.
   Tri _su_ urođenička lađara, koja su se svađala zbog svote od pet ana, užasno _galamila_ tik do njega.

39) I _was looking_, he stammered.
   Promatrao sam, promuca.

40) He _was fighting_, he _was fighting_ – mostly for his breath, as it seemed.
   Borio se, borio se – i to najviše da dođe do daha, kako se činilo. (J.C.)

41) Bingley was sure of being liked wherever he appeared, Darcy _was_ continually _giving offence._(J.A.)
   Bingley je bio siguran da će se dopasti gdje god se pojavi, a Darcy _se_ stalno _zamjerao_ ljudima.

42) ... as he _was going_ the next morning to London.
   jer _je_ sutradan ujutro _kanio_ otputovati u London.

43) The latter _was thinking_ only of his breakfast.
   Gospodin Hurst _je mislio_ samo na doručak.

44) Mr Darcy _was writting_, and Miss Bingley, seated near him, _was watching_ the progress of his letter and repeatedly calling off his attention by messages to his sister.

Darcy _je pisao_, a gospođica Bingley je sjedila blizu njega, _gledala_ kako napreduje njegovo pismo i često ga ometala porukama za njegpvu sestru.

45) Mr Hurst and Mr Bingley were at piquet, and Mrs Hurst _was observing_ their game.

Hurst i Bingley igrali su piket, a gospođa Hurst _je promatrala_ njihovu igru.

46) ... and she was perpetually either _making some inquiry_, or _looking_ at his page.

... neprestano ga _je_ ponešto _zapitkivala_ ili _gledala_ u njegovu stranicu.

47) She _was dying_ to know what could be this meaning...

Gorjela je od želje da dozna njegovu misao...

48) ... done while Mrs Bennet _was stiring_ the fire.

... učinio je to dok _je_ gospođa Bennet _raspririvala_ vatru.

49) ...and the whole party _were_ still _standing_ and _talking_ together...

... cijela _je_ skupina još _stajala_ i _čavrljala_...

50) ... and his eyes were directed with a very serious expression towards Bingley and Jane, who _were dancing_ together. (J.A.)

... pa se vrlo ozbiljna lica zagledao u Bingleyija i Jane koji _su_ zajedno _plesali_.

5.2.1. Past Continuous Tense → Imperfekt

S obzirom na to da u navedenim dvama romanima koji su poslužili kao predlošci za utvrđivanje ekvivalencije između glagolskih vremenā za prošlost u hrvatskom i engleskom jeziku nismo našli primjere upotrebe imperfekta, također možemo reći da, iako se u teoriji navodi kao jedan od prijevodnih ekvivalenata *prošlog trajnog vremena* (Past Continuous Tense), analiza prijevoda navedenih dvaju romana pokazuje da se u praksi imperfekt ne može smatrati jednim od prijevodnih elvivalenata *prošlog trajnog vremena* (Past Continuous Tense).

Ponovno ćemo se referirati na gore nevedeno istraživanje koje je proveo Leonardo Spalatin da bismo potvrdili neke od zaključaka analize koje je proveo u gore nevedenom članku. Naime, rezultati naše analize kao i rezultati analize koju je proveo Spalatin u novijoj verziji navedenog članka (prema Filipović, 1971., str. 137. – 139.) potvrđuju da je perfekt imperfektivnih glagola prijevodni ekvivalent *prošlog trajnog vremena* (Past Continuous Tense), npr. *When he came I <u>was writing</u> a letter* → *Kad je ušao ja <u>sam pisao</u>*. Također, Spalatin u svom članku potvrđuje postojanje *imperfekta* kao potencijalnog prijevodnog ekvivalenta *prošlog trajnog vremena* (Past Continuous Tense), npr. *He <u>was sitting</u> in a cafe when I saw him* → *<u>Sjeđaše</u> u kavani kad sam ga ugledao* (što smo naveli u teoriji, ali nismo potvrdili u praksi), ali navodi i *prezent imperfektivnih glagola* kao prijevodni ekvivalent *prošlog trajnog vremena* (Past

Continuous Tense) u primjerima neupravnog govora sa „slaganjem vremena" (Sequence of tenses), npr. *I asked him what he was doing* → *Pitao sam ga što radi;* zatim u „nestvarnom preteritu" (Imaginative Preterit), npr. *I feel as though I were admitting some infection to my room* → *Osjećam kao da se pojavljuje neka infekcija u mojoj sobi.* I u ovom slučaju možemo vidjeti da Spalatin spominje *prezent imperfektivnih glagola* kao prijevodni ekvivalent *prošlog trajnog vremena* (Past Continuous Tense) kada je riječ o „slaganju vremena" (Sequence of tenses) i „nestvarnom preteritu" (Imaginative Preterit), čime se, kao što smo već rekli, nećemo baviti u ovome radu.

5.3. Past Perfect Tense → Pluskvamperfekt (perfektivni glagoli)

S obzirom na to da u prijevodima navedenih dvaju romana nismo našli primjere upotrebe pluskvamperfekta, možemo zaključiti da, iako smo u teoriji naveli pluskvamperfekt perfektivnih glagola kao jedan od prijevodnih ekvivalenata „perfekta prošlog" (Past Perfect Tense), u praksi to ne možemo potvrditi.

5.4. Past Perfect Continuous Tense → Pluskvamperfekt (imperfektivni glagoli)

Nezastupljenost pluskvamperfekta u prijevodima navedenih dvaju romana na hrvatski jezik ukazuje da se pluskvamperfekt imperfektivnih glagola u praksi ne može smatrati prijevodnim ekvivalentom „perfekta prošlog trajnog" (Past Perfect Continuous Tense), iako smo u teoriji naveli pluskavmperfekt imperfektivnih glagola kao jedan od prijevodnih ekvivalenata „perfekta prošlog trajnog" (Past Perfect Continuous Tense).

Analiza prijevoda „perfekta prošlog" (Past Perfect Tense) i „perfekta prošlog trajnog" (Past Perfect Continuous Tense) s engleskog na hrvatski jezik ukazuje da se u praksi „perfekt prošli" (Past Perfect Tense) na hrvatski jezik prevodi perfektom perfektivnih i imperfektivnih glagola, a „perfekt prošli trajni" (Past Perfect Continuous Tense) perfektom imperfektivnih glagola, što nas upućuje na zaključak da se u praksi *perfekt perfektivnih i imperfektivnih glagola* može smatrati prijevodnim ekvivalentom „perfekta prošlog" (Past Perfect Tense), odnosno *perfekt imperfektivnih glagola* prijevodnim ekvivalentom „perfekta prošlog trajnog" (Past Perfect Continuous Tense), što ćemo potvrditi primjerima uzetim iz navedenih dvaju romana:

5.5. Past Perfect Tense → Perfekt (perfektivni glagoli)

1) ... where he *had elected* to conceal his deploravle faculty... (J.C.)

    ... gdje *je odlučio* sakriti sve svoje jadne sposobnosti..

2) The gale *had ministered* to a heroism as spurious as its own pretence of terror.

    Oluja *je izazvala* junaštvo koje je bilos isto tako ništavno kao i njegov tobožnji užas.

3) He *had enlarged* his knowledge more than those who *had done* the work.

    Stekao je iskustvo veće nego oni koji *su izveli* djelo.

4) ... who *had broken* his leg falling down a hatchway...

    ... koji *je slomio* nogu kad je pao kroz okno na brodu...

5) Eight hundred men and women with faith and hopes, with affections and memories, they *had collected* there...

    Osam stotina muškaraca i žena, s vjerom i nadama, osjećajima i uspomenama, *sabralo se* tu...

6) At the call of an idea they *had left* their forests, their clearings, the protection of their rulers, their prosperity, their poverty, the surroundings of their youth, and the graves of their fathers.

7) His skipper *had come* up noiselessly, in pyjamas and with his sleeping-jacket flung wide open.

    Kapetan *je došao* nečujno, u pidžami i širom otvorenog haljetka za spavanje.

8) The thin gold shaving of the moon floating slowly downwards *had lost itself* on the darkened surface of the waters..

    Spuštajući se polagano, zlatni *se* mjesec, tanak kao iver, *izgubio* na potamnjeloj površini voda...

9) ... because these last three days he *had passed* through a fine course of training for the place..

    ... jer *se* u ova posljednja tri dana dobro *izvežbao* za ono mjesto...

10) The chief *had given* him a four-finger nip about ten o`clock...

    Glavni ga *je* strojar, njegov šef, *počastio* oko deset sati čašicom od četiri prsta..

11) *He and the chief engineer <u>had been</u> cronies for a good few years...*

    On i glavni strojar <u>bili su</u> pobratimi ima dobrih nekoliko godina...

12) *...but on that night he <u>had departed</u> from his principles, so that his, a weak-headed child of Wapping, with his unexpectidness of the treat and the strength of the stuff, <u>had become</u> very happy, cheeky, and talkative.*

    ... ali <u>se</u> te večeri <u>udaljio</u> od svojih načela tako da je njegov zamjenik, tupoglavo dijete Wappinga, a kako i ne bi, od toga neočekivanog čašćenja i jakost pića <u>postao</u> vrlo sretan, bezobrazan i razgovorljiv.

13) *What <u>had happened</u>?*
    Što <u>se dogodilo</u>?

14) *After his first feeling of revolt he <u>had come</u> round to the view...*

    On <u>je</u> nakon svoga prvog osjećaja revolta <u>došao</u> do zaključka.

15) *The big assessor <u>had dropped</u> his eyelids...*
    Krupni <u>je</u> predsjednik <u>sklopio</u> vjeđe...

16) *He <u>had come</u> across that man before- in the street perhaps.*
    On <u>je</u> već i prije <u>susreo</u> toga čovjeka- možda na ulici.

17) *Archie Ruthvel <u>had</u> just <u>come</u> in...*
    Archie Ruthvel upravo <u>je</u> čas prije <u>ušao</u>...

18) *By that time the fellow <u>had managed</u> to tug and jerk his hat clear off his head...*

    Međutim <u>je</u> došljaku <u>uspjelo</u> odvezati i skinuti šešir s glave...

19) *He <u>had stopped</u> close to me...*
    <u>Zaustavio se</u> sasvom blizu mene...

20) *The other three chaps that <u>had landed</u> with him...*
   Druga dvojica, koja <u>su se iskrcala</u> s njim...

21) *I rememberd I <u>had seen</u> him slinking away during the quarrel...*
   Sjećao sam se da <u>sam</u> ga <u>vidio</u> kako se povlačio za one svađe...

22) *He <u>had grown</u> old in minor inquities...*
   <u>Ostario je</u> u bijelom bezakonju...

23) *He <u>had</u> never in his life <u>made</u> a mistake...*
   Nikada u svom životu <u>nije</u> <u>načinio</u> pogrešku...

24) *The choice <u>had fallen</u> upon the right man.*
   Izbor <u>je</u>, dakle, <u>pao</u> na pravoga čovjeka.

25) *When he <u>had done</u> he stands looking down at the mark he <u>had made</u>...*
   Kad <u>je završio</u>, stajao je i gledao znak koji <u>je zabilježio</u>...

26) *He <u>had written</u> two letters in the middle watch, one to the Company and the other to me.*
   Za vrijeme srednje straže <u>napisao je</u> dva pisma, jedno kompaniji, a drugo meni.

27) *You would think, sir, he <u>had jumped</u> overboard...*
   Bili biste pomislili, gospodine, da <u>se</u> on <u>bacio</u> u more..

28) *I could see directly I <u>had shocked</u> his delicate ear...*
   Smjesta sam opazio da <u>sam povrijedio</u> njegovo ojsetljivo uho...

29) *I wish he <u>had</u> never <u>come out</u> here.*
   Volio bih da nikada <u>nije</u> ovamo <u>došao</u>.

30) *A single word <u>had stripped</u> him of his discretion...*
   Jedna mu <u>je</u> jedina riječ <u>oduzela</u> uzdržljivost...

31) *Hadn`t he __understood__ its deplorable meaning?*
   Zar __nije razumio__ svu bijedu i zamašnost svoje zablude?

32) *... and this declaration recalles to my mind what Brierly __had said__...*
   ... a ta mi izjava dozva u pamet ono što __je__ Brierly __rekao__...

33) *They __had picked up__ the captain, the mate, and two engineers of the steamer „Patna"...*
   __Pokupili su__ kapetana, kormilara i dva strojara parobroda „Patne"...

34) *He had no leisure to regret what he __had lost__...*
   Nije imao vremena žaliti za onim što __je izgubio__...

35) *He __had penetrated__ to the very heart – to the very heart.*
   __Prodro__ mu __je__ u samo srce – samo srce.

36) *I __had__ half __trottled__ him...*
   Umalo ga __nisam zadavio__...

37) *He __had caught sight__ of me...*
   __Opazio me__...

38) *The other two __had picked themselves up__ by that time...*
   Ona druga dvojica dotle __su se sabrala__...

39) *Everything __had betrayed__ him!*
   Njega __je__ sve __izdalo__!

40) *Something __had gone wrong__ there at the last moment. (J.C.)*
   U posljednjem __je__ času ondje nešto __zapelo__.

41) *Mr Bingley __had__ soon __made himself acquainted__ with all the principal people in the room... (J.A.)*
   Gospodin Bingley __se__ ubrzo __upoznao__ s glavnim ličnostima u dvorani...

42) *Mary __had heard__ herself mentioned to Miss Bingley...*

Mary _je čula_ kad su o njoj rekli gospođici Bingley...

43) Oh that he _had sprained_ his ankle in the first dance!
O, što _nije uganuo_ nogu već pri prvom plesu!

44) Bingley _had never met_ with the pleasanter people or prettier girls in his life...
Bingley _nije_ nikada u životu _sreo_ ugodnije društvo ni ljepše djevojke...

45) Darcy, on the country, _had seen_ a collection of people...
Darcy _je_, naprotiv, _vidio_ skup osoba...

46) Sir William Lucas _had been_ formerly in trade in Meryton, where he had made a tolerable fortune...
Sir William Lucas _je_ prije _bio_ trgovac u Merytonu, gdje je stekao poprilično bogatstvo...

47) It _had given_ him a disgust to his business, and to his residence in a small market town...
Ispunilo ga _je_ gađenjem prema trgovini i domu u malom dvorištu...

48) Mr Darcy _had_ at first _scarcely allowed_...
Gospodin Darcy _nije_ isprva gotovo ni _htio_ priznati...

49) But no sooner he _had made_ it clear to himslef and his friends...
Međutim, tek što _je_ jasno _rekao_ sebi i svojim prijateljima...

50) Though he _had detected_ with a critical eye more than one failure of perfect symmetry in her form... (J.A.)
Iako _je_ svojim kritičkim okom _zapazio_ neke nesavršenosti u simetriji njezinih oblika...

5.5.1. Past Perfect Tense → Perfekt (imperfktivni glagoli)

1) *It had stood there for centuries... (J.C.)*
   Stajala je ondje stoljeća i stoljeća...

2) *... of facts that had surged up all about him...*
   ... činjenica, koje su navirale posvuda oko njega...

3) *For days, for many days he had spoken to no one, but had held silent, incoherent, and endelss converse with himslef, like a prisoner alone in his cell...*
   Danima, već nekoliko dana, nije razgovarao ni s kim, nego je vodio nijemi, nesuvisli i beskonačni razgovor sa samim sobom, poput zatvorenika koji je sam u svojoj ćeliji...

4) *That unspeakable vagabond, Mariani, who had known the man...*
   Ta bestidna sktinica Mariani, koji ga je već poznavao...

5) *He had saved lives at sea, had rescued ships in distress...*
   On je spašavao živote na moru, on je izbavljao brodove iz nevolje...

6) *... as if come conviction of innate blamelessness had checked the truth...*
   ... kao da je uvjerenje o nekoj prirođenoj nevinosti svaki čas potiskivalo istinu...

7) *He had passed these days on the veranda..*
   Provodio je te dane na verandi...

8) *His confounded imagination had evoked for him all the horrors of panic...*
   Njegova prokleta mašta predočivala mu je sav užas panike...

9) He _had picked_ up enough of the language...
   Već _je_ dovoljno _razumijevao_ onaj jezik...

10) He _had intended_ to cut life-boats clear of the ship.
    Namjeravao je spustiti sve čamce za spašavanje.

11) ... as though he _had not acted_ but _had suffered_...
    ... kao da _nije djelovao_ nego samo _trpio_...

12) ... and the columns _had turned_ black from pediment to capital.
    ... a stupovi _su se dizali_ crni od podnožja do glavica.

13) Yes, it _had come_ to that...
    Da, o tome _sam mislio_...

14) He _had advanced_ his argument...
    Navodio je svoje razloge...

15) ... and the others _had affirmed_ the same thing to the officers of the „Avondale".
    ... a i drugi _su_ to isto _tvrdili_ časnicima „Avondala".

16) Tim _had passed_ indeed...
    Vrijeme _je_ doista _prolazilo_...

17) ... and in Samarang I _had seen_ something of Jim.
    ... a u Samarangu _sam_ ponekad _viđao_ Jima.

18) ...as though he _had requested_ me...
    ... kao da _je_ od mene _tražio_ pomoć...

19) ...we, too, _had sinned_ in our time.
    ... kako _smo_ i mi u svoje vrijeme _griješili_.

20) He _had_ that moment _come_ in from boarding a ship...
    On _je_ upravo u taj čas _dolazio_ s nekog broda...

21) He _had done_ some repairs for him once...
    On _je_ jednom _obavljao_ za nj neke popravke...

22) Men _had done_ it before...
   I drugi _su_ to prije njega _činili_...

23) ...as though he _had gone_ about all that time carrying it on his shoulders.
   ...kao da ga je cijelo vrijeme, kamo god _išao_, nosio na leđima.

24) At first he _had travelled_ a good deal amongst the islands...
   Prvo _je_ vrijeme veoma mnogo _putovao_ po otocima...

25) I _had_ greatly _desired_ to posess myself of specimen of that spices...
   Silno _sam želio_ naći za sebe jedan primjerak te vrste...

26) ... he _had travelled_ very far, on various ways, on strange paths...
   ... _putovao je_ veoma daleko, u različitim smjerovima, čudnim stazama...

27) ... of that night when he _had paced_...
   ... na onu noć kad _je koračao_...

28) The absurd chatter of the half-caste _had given_ more reality to the miserable dangers of his path than Stein`s careful statements.
   Besmisleno _je_ brbljanje onog mješanca _davalo_ više stvarnosti teškim pogibeljima njegova puta nego Steinovo oprezno upozoravanje.

29) ...after we _had watched_ the moon...
   ... kad _smo motrili_ mjesec...

30) Already the legend _had gifted_ him with supernatural powers. (J.C.)
   Legenda mu _je_ već _pridavala_ nadnaravne moći.

31) He _had_ always _intended_ to visit him... (J.A.)
   Još od početka _je namjeravao_ otići k njemu...

32) He <u>had intertained</u> hopes of being admitted to a sight of the young ladies, of whose beauty he <u>had heard</u> much...
   Nadao <u>se</u> da će dobiti priliku vidjeti mlade dame, o čijoj ljepoti <u>je</u> mnogo <u>slušao</u>...

33) Mr Bingley <u>had danced</u> with her twice...
   Bingley <u>je plesao</u> s njom dvaput...

34) ... and though vanity <u>had given</u> her application, it <u>had given</u> her likewise a pedantic air and conceited manner...
   ... i premda ju <u>je</u> taština <u>poticala</u> da se trudi, ona joj <u>je</u> ujedno <u>davala</u> pedantan izgled i uobraženo držanje...

35) I <u>had hoped</u> that our sentiments coincided in every particular...
   Nadao <u>sam se</u> da će se nekad naši osjećaji podudarati u svemu...

36) Miss Bennet <u>had slept</u> ill...
   Gospođica Bennet <u>je</u> loše <u>spavala</u>...

37) But Mrs Bennet, who <u>had calculated</u> on her daughters remainig at Netherfield till the following Tuesday...
   No gospođa Bennet, koja <u>je računala</u> da će joj kćerke ostati u Netherfieldy do idućeg utorka...

38) ... he <u>had felt</u> their importance in the family circle.
   ... <u>ojsećao je</u> koliko su važne u obiteljskom krugu.

39) They <u>had</u> often <u>attempted</u> it before...
   I prije <u>su</u> to <u>pokušavale</u> učiniti...

40) ...and it was now some weeks since they <u>had received</u> <u>pleasure</u> from the society of a man in any othe colour.
   ... a već nekoliko tjedana <u>nisu</u> više <u>uživale</u> u društvu ljudi koji nisu u unifromi.

41) She _had_ also _asked_ him twice to dine at Rosings...
Već ga _je_ dvaput _zvala_ na večeru u Rosings...

42) His cousins was as absurd as he _had hoped_...
Njegov je rođak bio budalast baš kao što _se_ i _nadao_.

43) I _had not thought_ Mr Darcy so bad as this...
Nisam mislila da je gospodin Darcy tako loš...

44) I _had supposed_ him to be despising his fellow creatures in general...
Pretpostavljala sam da on prezire ljude općenito...

45) ... he _had lost_ every point...
...stalno _je gubio_...

46) Elisabeth _had hoped..._
Elisabeth _se nadala_...

47) ... and everybody was please to think how much they _had_ always _disliked_ Mr Darcy before they _had known_ anything of the matter.
... a svima je godila pomisao da _su mrzili_ gospodina Darcyija i prije nego što _su_ išta _znali_ o njemu.

48) Mrs Bennet _had_ so carefully _provided_...
Gospođa Bennet _se_ tako pažljivo _brinula_...

49) About ten or a dozen years ago, before her marriage, she _had spent_ a considerable time in that very part of Derbyshire...
Prije deset do dvanaest godina, još kao djevojka, _boravila je_ ona poprilično dugo baš u onom dijelu Derbbyshirea...

50) She _had not_ at first _thought_ very seriously of going thither... (J.A.)
U početku _nije_ ozbiljno _namjeravala_ otići onamo.

Razultati navedene analize i u ovom slučaju djelomično potvrđuju rezultate slične analize koju je proveo Leonardo Spalatin u svom članku: *The English Preterit Tense and its Serbo- Croatian Equivalents (u* Filipović, 1971., str. 112. – 122.), gdje je također istakao da se engleski „perfekt prošli" (Past Perfect Tense) na hrvatski jezik uglavnom prevodi *perfektom perfektivnih ili imperfektivnih glagola,* npr. *When I arrived he had left* ⇒ *Kad sam stigao, on je (već) bio otišao.*

Također, Spalatin navodi da kad je riječ o neupravnom govori sa „slaganjem vremena" (Sequence of tenses) „perfekt prošli" (Past Perfect Tense) se na hrvatski jezik može prevesti ne samo perfektom perfektivnih ili imperfektivnih glagola, npr. *I knew that you had read* ⇒ *Znao sam da ste čitali (ste pročitali),* nego i *imperfektom,* npr. *Znao sam da čitaste,* aoristom, npr. *Znao sam da pročitaste, pluskvamperfektom imperfektivnih glagola,* npr. *Znao sam da ste bili čitali* i *pluskvamperfektom perfektivnih glagola,* npr. *Znao sam da ste bili pročitali.* Spalatin u svom članku spominje *perfekt imperfektivnih glagola* kao prijevodni ekvivalent „perfekta prošlog" (Past Perfect Tense) i u pogodbenim rečenicama trećeg tipa (Conditional Clauses Type 3), npr. *If I had had money I would have bought the house* ⇒ *Da sam imao novaca, kupio bih kuću.*

Vijdeli smo da se *perfekt perfektivnih i imperfektivnih glagola* može upotrijebiti kao prijevodni ekvivalent „perfekta prošlog" (Past Perfect Tense) i kad je riječ o „slaganju vremena"

(Sequence of tenses), pogodbenim rečenicama trećeg tipa (Conditional Clauses Type 3), ali i kad je riječ o „konjunktivu prošlom" (The Past Perfect Subjunctive), o kojem Spalatin nije govorio u svom članku, ali se ni mi nećemo pobliže baviti navedenim problemima, jer to nije tema ovoga rada.

5.6. Past Perfect Continuous Tense ⇒ Perfekt (imperfektivni glagoli)

1) I <u>had been</u> all along <u>exibiting</u> the usual polite signs of interest... (J.C.)
   Cijelo <u>sam</u> to vrijeme <u>slušao</u> s uobičajenim uljudnim zanimanjem.

2) ...when he came on deck in the morning Brierly <u>had been</u> <u>writing</u> in the chart-room.
   ... kad je tog jutra izišao na palubu, Brierly <u>je</u> nešto <u>pisao</u> u sobi za pomorske karte.

3) We <u>had been walking</u> slowly meantime...
   Dotle <u>smo</u> polagano <u>hodali</u>...

4) He <u>had been scanning</u> my features...
   <u>Ispitivao je</u> crte moga lica...

5) ... he <u>had preparing</u> himself for all the difficulties...
   ... <u>pripremao se</u> za sve poteškoće...

6) That man <u>had been complaining</u> of being out of sorts for some time before.
   Taj <u>se</u> čovjek neko vrijeme prije toga <u>tužio</u> da se ne ojseća dobro.

7) He <u>had been holding</u> the tiller in his hand, too, all the night.
   On <u>je</u> također cijelu noć <u>držao</u> polugu kormila u svojoj ruci.

8) ... and apparently he <u>had been clutching</u> it for six hours or so.

> ... a Jim ga <u>je</u>, kako se čini, čvrsto <u>držao</u> možda šest sati, ili više.

9) They looked as though they <u>had been knocking</u> about drunk in gutters for a week.

> Doimali <u>su se</u> kao da su se tjedan dana pijani <u>vucarali</u> po kaljužama.

10) Do you mean to say you <u>had been deliberating</u> with yourself whether you would die?

> Želite li time reći da <u>ste razmišljali</u> da li da se ubijete?

11) And he <u>had been deliberating</u> upon death...

> A on <u>je</u> u onom času <u>mislio</u> na smrt...

12) He <u>had been walking</u> up and down...

> <u>Hodao je</u> gore-dolje...

13) He, too, <u>had been looking</u> after Jim.

> I on <u>je gledao</u> za Jimom.

14) ... during the early part of his existence in the East he <u>had been playing</u> ball with it.

> ... za vrijeme prvog dijela svog života na Istoku on <u>se</u> njime <u>loptao</u>.

15) This was a chance he <u>had been dreaming</u> of.

> To je bilo ono sretno rješenje o kojemu <u>je sanjao</u>.

16) I <u>had been streaming</u> with perspiration...

> Svega me <u>je oblijevao</u> znoj...

17) ...while I <u>had been making</u> all that noise.

> ... dok <u>sam dizao</u> svu tu galamu.

18) ... *his own revolver, which* <u>had been hanging</u> *on a nail...*
   ... *njegov vlastiti revolver, koji* <u>je visio</u> *na nekom čavlu...*

19) ...*the girl, who* <u>had been</u> *clearly* <u>waiting</u> *for this opportunity.*
   ...*djevojka, koja* <u>je</u> *očevidno* <u>vrebala</u> *tu priliku.*

20) ... *and Brown`s gang, who meantime* <u>had been peering</u> *and* <u>straining</u> *their hopeful ears in the darkness...*
   ... *a Brownova družina, koja* <u>je vrebala</u> *i puna nade* <u>ćulila</u> *uši u tami...*

21) ... *and he* <u>had been sneaking</u> *around Jim`s house during the afternoon.* (J.C.)
   ...*i* <u>šuljao se</u> *oko Jimove kuće cijelo popodne.*

22) ... *and during part of that time Mr Darcy* <u>had been standing</u> *near enough...* (J.A.)
   ... *tada* <u>je</u> *za nekoliko trenutaka* <u>stajao</u> *gospodin Darcy dovoljno blizu...*

23) *The two girls* <u>had been whispering</u> *to each other during the whole visit.*
   Dvije <u>su se</u> *sestre* <u>došaptavale</u> *za cijelo vrijeme posjeta.*

24) ...*and repeatedly asked what she* <u>had been doing</u> *with herself since their separation.*
   ... *i nekoliko su je puta zapitale što* <u>je radila</u> *otkad su se rastale.*

25) ...*and Lady Lucas, who* <u>had been</u> *long* <u>yawning</u> *at the repetition of delights...* (J.A.)
   ... *te se Lady Lucas, koja* <u>je</u> *već odavno* <u>zijevala</u> *zbog neprekidnog nabrajanja zadovoljstava...*

Kada govorimo o „perfektu prošlom trajnom" (Past Perfect Continuous Tense), možemo reći da se rezultati naše analize djelomično podudaraju s rezultatima slične analize koju je proveo Leonardo Spalatin u već spomenutom članku (u Filipović, 1971., str. 122. – 124.), u kojem navodi da je *perfekt imperfektivnih glagola* prijevodni ekvivalent „perfekta prošlog trajnog" (Past Perfect Continuous Tense), npr. *He got up from the table where he had been cyphering* → *Ustao je od stola gdje je šifrirao.*

Spalatin također navodi *perfekt imperfektivnih glagola* kao prijevodni ekvivalent „perfekta prošlog trajnog" (Past Perfect Continuous Tense) kada je riječ o „slaganju vremena" (Sequence of tenses), npr. *He said that John had been writing when he came in* → *Rekao je da je John pisao kad je on upao*, čime se nećemo baviti u ovom radu.

5.7. Present Perfect Tense → Perfekt (perfektivni glagoli)

1) *...and to this day I haven`t left off wondering why I went.* (J.C.)
   ...i još se do danas nisam prestao pitati zašto sam onamo pošao.

2) *I haven`t seen him, of course...*
   ... Dakako, nisam ga vidio...

3) *And what I have done...*
   ... A što sam učinio...

4) *I`ve known such a time...*
   Proživio sam jedno takvo vrijeme...

5) _Haven`t I turned_ out youngsters enough in my time, for the services of the Red Rag...

    Nisam li u svoje vrijeme _poslao_ dosta naših mladića u službu „Crvenoj zastavi"...

6) The sea _has been_ good to me...

    More _je bilo_ dobrostivo prema meni...

7) ... I don`t think I _have done_ badly by it either.

    ... mislim da se ni ja _nisam_ loše _ponio_ prema njemu.

8) He _has offered_ his bit of sacrifice to the sea...

    On _je predao_ svoju malu žrtvu moru...

9) ...it tells you that once in your life at least you _have gone_ the right way to work.

    ... to je dokaz da _ste_ barem jedanput u svom životu _učinili_ nešto kako treba.

10) Yes, as I`_ve told_ you...

    Pa ipak, kako _sam_ već _rekao_...

11) I _have never defined_ to myself this atraction...

    Nisam nikada sam sebi _objasnio_ tu privlačnost...

12) I`_ve found_ it...

    Ja _sam_ to već _opazio_...

13) ... will you kindly tell me what it is I`_ve said_ or _done_?

    ... hoćete li mi ljubazno reći što _sam_ to _kazao_ ili _učinio_?

14) But I sure I`_ve heard_...

    Ali _sam_ siguran da sam _čuo_...

15) He _has seen_ it all in the home papers by this time...

    Sada _je_ on već sve to _pročitao_ u engleskim novinama...

16) *I don`t think I`ve spoken three words to a living soul in all that time...*
   Ne vjerujem da sam cijelo to vrijeme ma s kim živim i tri riječi prozborio...

17) *Which of us has not observed this, or maybe experienced something of that feeling in his own person...*
   Tko od nas nije to već vidio, ili možda upoznao neki takav osjećaj u vlastitiom životu...

18) *He related facts which I have not forgotten...*
   Govorio je o činjenicama koje ja nisam zaboravio...

19) *What have you done with the other?*
   Što ste učinili s onim drugim?

20) *Has it not turned up tonight between us?*
   Nije li i večeras svratila ovamo među nas?

21) *And yet it has made its way out?*
   A kako je ta afera prodrla u svijet?

22) *...I have made my proofs.* (J.C.)
   ... ja sam već mnogo toga dokazao.

23) *...have you heard that Netherfiels Park is let at last?* (J.A.)
   ... jesi li čuo da je Netherfiels park napokon unajmljen?

24) *Do you not want to know who has taken it?*
   Zar te ne zanima tko ga je uzeo?

25) *... and that Mrs Long has promised to introduce him.*
   ...i da je gospođa Long obećala da će nam ga predstaviti.

26) *...but as I have actually paid the visit...*
   ... no budući da sam ga već posjetio...

27) *Yes; these four evenings have enabled them...*
    Da, te četiri večeri *omogućile su* im...

28) *And then you have added so much to it yourself...*
    A vi *ste* joj mnogo *dodali*...

29) *I have already told her so once, by your desire.*
    Već *sam* joj to jednom *rekao* po vašoj želji.

30) *You have only proved by this...*
    Time *ste* samo *dokazali*...

31) *You have shown him off now...*
    Sad *ste* ga *prikazali*...

32) *... but which I have never acknowledged.*
    ...iako ga *nisam priznao* svojim.

33) *I am not particularly speaking of such a case as you have supposed about Mr Bingley.*
    Ne govorim baš o slučaju kao što *ste pretpostavili* u vezi s gospodinom Bingleyem.

34) *I have, therefore, made up my mind to tell you...*
    Stoga *sam* vam *odlučila* kazati...

35) *But you have chosen your fault well.*
    Dobro *ste odabrali* manu.

36) *... and since I have had the misfortune to lose him...*
    ... i, budući da *sam doživio* tu nesreću da ga izgubim...

37) *I have spent four days in the same house with him...*
    Provela sam četiri dana u kući u kojoj je on bio...

38) *...but circumstanses have now made it eligible.*
    ...ali *su* ga okolnosti *učinile* prihvatljivim.

39) *It <u>has connected</u> him nerer with virtue than with any other feeling.*
On ga <u>je približio</u> kreposti više nego bilo kojem drugom osjećaju.

40) *...for I <u>have</u> always <u>seen</u> a great similarity in the turn of our minds.*
... jer <u>sam zapazila</u> da imamo vrlo slične sklonosti.

41) *I understand that Mr Collins <u>has made</u> you an offer of marriage.*
Koliko čujem, gospodin Collins ti <u>je ponudio</u> brak.

42) *Very well – and this offer of marriage you <u>have refused</u>?*
Dobro – ti <u>si</u> ponudu <u>odbila</u>?

43) *What do you think <u>has happened</u> this morning!*
Zamislite što <u>se dogodilo</u> jutros?

44) *The whole party <u>have left</u> Netherfield by this time...*
U ovom <u>su</u> trenutku već svi <u>napustili</u> Netherfield...

45) *You <u>have done</u> your duty by her... (J.A.)*
Tako <u>si izvršila</u> svoju dužnost prema njoj...

5.7.1. Present Perfect Tense → Perfekt (imperfektivni glagoli)

1) *I am an old man and I <u>have</u> always <u>spoken</u> my mind. (J.C.)*
Star sam, a uvijek <u>sam</u> otvoreno <u>govorio</u> što mislim.

2) *<u>Have</u> you ever <u>watched</u> a ship floating head down...?*
<u>Jeste</u> li ikada prije <u>motrili</u> brod koji plovi...?

3) *I <u>have met</u> so many men...*
<u>Sretao sam</u> mnogo ljudi...

4) *I am writing to a man of whom I`<u>ve never asked</u> a favour...*
Pišem nekom čovjeku, od kojega nikada <u>nisam tražio</u> neke usluge...

5) ... I _have lived_ till now alone in a house...
    ... _živio sam_ dosad sam u kući...

6) ...and I _have come across_ a man or two who could wink at hteir familiar shades.
    ... a ja _sam_ tu i tamo _susretao_ ljude koji bi svom domaćem duhu znali i namignuti.

7) Other men _have sworn_ the same thing.
    I drugi _su se_ ljudi _zaklinjali_ za istu stvar.

8) You _have knocked_ about in the Western Pacific...
    Vi, koji _ste se potuacli_ po zapadnom Pacifiku...

9) I _have lived_...
    Ja _sam živio_...

10) ... I _have_ frequently _wished_ to heal the breach... (J.C.)
    ...često sam želio premostiti taj jaz...

11) ...though I _have_ never _liked_ him... (J.A.)
    ...iako mi _se nije_ nikad _sviđao_...

12) It _has_ often _led_ him to be liberal and generous...
    Često ga _je navodila_ da bude velikodušan i darežljiv...

13) ...and I _have devoted_ hours and hours to her amusement.
    ... a ja _sam posvećivao_ sate i sate njezinu zabavljanju.

14) ...and that the delightfulintercourse you _have known_ as friends...
    ... i da ćete ono divno drugovanje, u kojem _ste uživale_ kao prijateljice...

15) ... and you _have_ certainly _bestowed_ it most unwillingly. (J.A.)
    ...a vi ste ga, uistinu, vrlo nerado i _iskazivali_.

5.7.2. Present Perfect Tense → Prezent (imperfektivni glagoli)

1) I <u>have heard</u> you mention them with considerationthese twenty years at least. (J.A.)
<u>Slušam</u> već najmanje dvadeset godina kako ih spominješ sa strahopoštovanjem.

2) Miss Bingley, said he, <u>has given</u> me credit for more than can be.
Gospođica Bingley, „reče on, „<u>pripisuje</u> mi nemoguću vrlinu.

3) She is unfortunately of a sickly constitution, which <u>has prevented</u> her...
Na žalost, loše <u>je</u> zdravlje <u>sprečava</u>...

4) I <u>have</u> often <u>observed</u> her...
Često <u>zapažam</u> kako...

5) ...but he certainly <u>has not known</u> her long.
...ali je <u>ne poznaje</u> dugo.

6) I <u>have sent</u> for you an affair of importance.
<u>Zovem</u> te zbog nečeg važnog.

7) They <u>have known</u> her much longer then they have known me...
<u>Poznaju</u> je dulje nego mene...

8) ...and I <u>have had</u> the pleasure of your acquintance long enough...
...<u>imam</u> zadovoljstvo poznavati vas tako dugo...

9) Shall we ask him why a man of sense and education, and who <u>has lived</u> in the world...?
Da ga pitamo zašto je pametan i naobražen čovjek koji <u>poznaje</u> svijet...?

10) *But then I have always supposed...* (J.A.)
    Ali oduvijek mislim...

Rezultati analize koju smo proveli djelimično potvrđuju rezultate slične analize koju je provela Maja Dubravčić u svom članku: *A Contrastive Analysis of the English Present Perfect and its Serbo-Croatian Correspondents* (u Filipović, 1987., str. 247. – 279.). Naime, Dubravčić je u navedenom članku istakla razliku između „neprekidnog perfekta sadašnjeg" (Continuative Present Perfect) i „ishodišnog perfekta sadašnjeg" (Resultative Present Perfect). Za prvi je istakla da izražva radnju koja je počela u nekom periodu u prošlosti i nastavila trajati do određenog trenutka u sadašnjosti i izražava se priložnim oznakama: *since (odkako/otkad), from the beginning of his career (od početka njegove karijere), so far (do sada), always (uvijek), during this century (u ovom stoljeću)*,itd., i u tom slučaju hrvatski prijevodni ekvivalent navedenog glagolskog vremena je *prezent imperfektivnih glagola*, npr. *I have held your paper of manumission since I married Mr. Lattimera.* → *Imam isprave o tvom oslobođenju otkako sam se udala za gospodina Lattimera.*, perfekt imperfektivnih glagola, npr. *These frescos have had no care for eighty years.* → *O ovim freskama se osamdeset godina nitko nije brinuo*, ili perfekt perfektivnih glagola, npr. *So far, no troublesome cases have arisen under this provision* → *Do sada se nisu pojavili nikakvu nezgodni slučajevi u vezi s ovom odredbom.*

Za „ishodišni perfekt sadašnji" (Resultative Present Perfect) ističe da izražava radnju koja obuhvaća vremenski period koji se proteže od prošlosti do određenog trenutka u sadašnjosti, ili čak u budućnosti i za navedeni tip engleskog „perfekta sadašnjeg" (Present Perfect Tense) navodi *perfekt perfektivnih i imperfektivnih glagola* kao hrvatski prijevodni ekvivalent, npr. *It has become our responsibility and I hope that the citizens group will spearhead the movement. → To je postala naša odgovornost i nadam se da će grupa građana predvoditi taj pokret; Well, Allied Ars has booked Lena Horne there for a week starting Dec. 4. → Eh, Udruženje je angažiralo lenu Horne na tjedan dana počevši od 4.prosinca.*

Navedeni tip „perfekta sadašnjeg" (Present Perfect Tense) se često upotrebljava s priložnim oznakama: *already (već), just (upravo), just now (upravo sada), now (sada), once (jedanput), once or twice (jedanput ili dvaput),* itd., i u tom slučaju u prijevodu na hrvatski jezik ekvivalent mu je *perfekt perfektivnih glagola,* npr. *Now he has abandoned all that to be a writer. → I sada je napustio sve da bude pisac.*

Vidimo da je Maja Dubravčić u svojoj analizi navela iste prijevodne ekvivalente do koji smo i mi došli analizom navedenih dvaju romana (prezent imperfektivnih glagola, perfekt perfektivnih i imperfektivnih glagola), što nas upućuje na zaključak da su *prezent imperfektivnih glagola* i *perfekt perfektivnih i imperfektivnih glagola* i u praksi hrvatski prijevodni ekvivalent engleskog „perfekta sadašnjeg" (Present Perfect Tense).

5.8. Present Perfect Continuous Tense → Perfekt (imperfektivni glagoli)

1) I _have been meditating_ on the very great pleasure... (J.A.)
   Razmišljao sam o vrlo velikom zadovoljstvu.

2) Your sister _has been talking_ to me about him...
   Vaša mi _je_ sestra _pripovijedala_ o njemu...

3) ... this invitation is particulary gratifying, because it is what I _have been hoping_ to receive... (J.A.)
   ... taj mi je poziv vrlo ugodan jer _sam_ mu _se nadao_...

4) I`ve been waiting for that. (J.C.)
   To _sam_ i _čekao_.

5) I`ve been dreaming of it.
   Sanjario sam o tome.

6) Only you _have been sleeping_ so restlessly...
   Ali vi _ste_ tako nemirno _spavali_..

7) I _have been_ this rare specimen _describing_... (J.C.)
   Upravo _sam opisivao_ ovaj izvanredni primjerak...

8) He`s been having grub with you in the „Malabar" last night. (J.A.)
   On _je_ sinoć _večerao_ s vama u hotelu „Malabar".

5.8.1. Present Perfect Continuous Tense → Prezent (imperfektivni glagoli)

U navedenim dvama romanima koji su poslužili kao reprezentativni uzorci za analizu glagolskih vremena za prošlost u hrvatskom i engleskom jeziku nismo našli primjere upotrebe prezenta imperfektivnih glagola kao jednog od ekvivalenata

„perfekta sadašnjeg trajnog" (Present Perfect Continupus Tense) u prijevodu na hrvatski jezik, pa na osnovi toga možemo zaključiti da u praksi prezent imperfketivnih glagola nije jedan od prijevodnih ekvivalenata „perfekta sadašnjeg trajnog" (Present Perfect Continuous Tense), iako smo u teoriji kazali drugačije, što znači da se navedeno glagolsko vrijeme u praksi ne percipira kao sadašnje, nego više kao prošlo.

5.8.2. Present Perfect Continuous Tense → Perfekt (perfektivni glagoli)

Iako u teoriji nismo spomenuli perfekt perfektivnih glagola kao jedan od potencijalnih ekvivalenata u prijevodu „perfekta sadašnjeg trajnog" (Present Perfect Continuous Tense) na hrvatski jezik, sljedeći primjeri pokazuju upotrebu *perfekta perfektivnih glagola* u prijevodu „perfekta sadašnjeg trajnog" (Present Perfect Continuous Tense), iako bi prijevod zvučao mnogo prirodnije da je upotrijebljen perfekt imperfektivnih glagola, ali to ćemo podrobnije razmotriti u petom poglavlju gdje ćemo navesti razloge zašto se prevoditelj u određenim sluačejvima odlučio za upotrebu perfektivnog galgola gdje to ne bismo na prvi pogled očekivali:

1) *I have been making the tour of the park...* (J.A.)
   Obišao sam cijeli perivoj... (očekivali bismo *Obilazio sam...*)

2) I am thinking of what you *have been telling* me... (J.A.)
   Razmišljam o onome što *ste* mi *ispričali*... (...što ste mi pričali...)

3) I*ve been trying* to tell you all there is in ti... (J.C.)
   Pokušao sam vam ispričati sve što se krije u tome... (Pokušavao sam...)

4) Who *has been getting* at you?
   Tko vas *je uvrijedio*? (...vrijeđao...)

Analiza prijevodnih ekvivalenata „perfekta sadašnjeg trajnog" (Present Perfect Continuous Tense) u navedenim dvama romanima koji su nam poslužili kao predlošci pokazuje djelimično slaganje s rezultatima slične analizi koju je provela Maja Dubravčić u gore navedenom članku (prema Filipović, 1987., str. 275. – 279.). Naime, Dubravčić u navedenom članku navodi *prezent imperfektivnih glagola* kao prijevodni ekvivalent engleskog „perfekta sadašnjeg trajnog" (Present Perfect Continuous Tense) kada se upotrebljava s priložnim oznakama: *since, for,* itd., npr. You *have been riding* on a ponk ticked *for six years*, you know that. ⇒ *Vozite se* na poništenu kartu *već šest godina*, vi to dobro znate. Također, Dubravčić ističe da ponekad „perfekt sadašnji trajni" (Present Perfect Continuous Tense) ima ishodišni učinak i tada mu je hrvatski prijevodni ekvivalent *perfekt imperfektivnih glagola*, npr. We *have been looking* for work, but all the ranchers have turned us down. ⇒ *Tražili smo* posao, ali su nas svi stočari odbili.

Također, Dubravčić u svom članku navodi još jednu značajku navedenog glagolskog vremena, a to je da kada se upotrebljava bez priložnih oznaka, odnosi se na nešto što se dogodilo u neodređeno vrijeme u prošlosti i tada može biti riječ o trajnoj radnji ili o nečemu što se ponavljalo, i tada je hrvatski prijevodni ekvivalent navedenog glagolskog vremena *ili prezent ili perfekt imperfektivnih glagola*, ovisno o kontekstu, npr. I *have been fixing up the guest room for Cathy.* → *Uređujem gostinjsku sobu za Cathy* ili *You haven`t been listening to what I have been telling you* → *Niste slušali što sam vam govorila.*

Kao što vidimo, naša analiza je pokazala da se u praksi samo *perfekt perfektivnih i perfekt imperfektivnih glagola* mogu smatrati prijevodnim ekvivalentima engleskog „perfekta sadašnjeg trajnog" (Present Perfect Continuous Tense), iako smo u teoriji naveli i prezent imperfektivnih glagola kao jedan od hrvatskih prijevodnih ekvivalenata navedenog glagolskog vremena.

Ako usporedimo rezultate naše analize i analize koju je provela Maja Dubravčić u svom članku, možemo reći da su *prezent imperfektivnih glagola* i *perfekt perfektivnih* i *perfekt imperfektivnih glagola* hrvatski prijevodni ekvivalenti „perfekta sadašnjeg trajnog" (Present Perfect Continuous Tense), samo što u korpusu kojim smo mi poslužili nije bilo potvrde za sve navedene ekvivalencije.

RASPRAVA O PRIJEVODNIM EKVIVALENTIMA

6. RASPRAVA O PRIJEVODNIM EKVIVALENTIMA

Sada ćemo za svaku od ekvivalencija između glagolskih vremenā za prošlost u hrvatskom jeziku koje smo predstavili primjerima u prethodnom poglavlju navesti uvjete pod kojima su navedene ekvivalencije moguće, odnosno prokomentirat ćemo npr. zašto se prevoditelj odlučio za upotrebu perfekta perfektivnih glagola u prijevodu *prošlog završenog vremena* (Simple Past Tense) na hrvatski jezik i nabrojiti sve primjere na koje se navedeno odnosi, ili zašto se prevoditelj odlučio za upotrebu perfekta perfektivnih glagola umjesto perfekta imperfektivnih glagola u prijevodu „perfekta sadašnjeg" (Present Perfect Tense) na hrvatski jezik i nabrojati sve primjere na koje se navedeno odnosi, itd.

U prethodnom poglavlju smo naveli da su: *perfekt perfektivnih glagola, perfekt imperfektivnih glagola* i *aorist* ekvivalenti *prošlog završenog vremena* (Simple Past Tense) prilikom prevođenja navedenog glagolskog vremena na hrvatski jezik. Razlozi zašto se prevoditelj odlučio za upotrebu perfekta perfektivnih ili imperfektivnih glagola prilikom prevođenja *općeg prošlog vremena* na hrvatski jezik mogu biti višestruki. U nekim slučajevima to je uvjetovano upotrebom određenih vremenskih oznaka koje ukazuju je li riječ o trajnoj ili svršenoj radnji, ili je uvjetovano samim glagolom, jer kao što znamo i u engleskom jeziku postoje određeni glagoli (stativni glagoli) koji se ne mogu upotrijebiti u „trajnim" (continuous) glagolskim vremenima, ili se upotrebljavaju u „trajnim" glagolskim vremenima ne u svom primarnom značenju, nego kada znače nešto drugo, ili je uvjetovano kontekstom, itd. Navedeno se može primijeniti za ilustriranje upotrebe perfektivnih ili imperfektivnih glagola u prijevodu na hrvatski jezik za svaku od ekvivalencija koje smo naveli u prethodnom poglavlju.

6.1. Upotreba perfekta perfektivnih i imperfektivnih glagola i aorista u prijevodu *prošlog završenog vremena* (Simple Past Tense)

U prethodnom poglavlju smo naveli primjere upotrebe *perfekta perfektivnih*, *perfekta imperfektivnih* glagola i *aorista* kao ekvivalenta prilikom prevođenja *prošlog završenog vremena* (Simple Past Tense) s engleskog na hrvatski jezik, a sada ćemo prokomentirati zašto se prevoditelj u nekim rečenicama odlučio za perfekt perfektivnih ili imperfektivnih glagola ili za aorist:

a) Upotreba perfekta perfektivnih glagola uvjetovana priložnim oznakama ili nekim drugim riječima

> (1*) <u>*Only once in all that time*</u> he <u>*had again the glimpse*</u> *of the earnstness in the anger of the sea.* (J.C.)
> <u>*Jedan jedini put u cijelo to vrijeme*</u> *ponovno je* <u>*spoznao*</u> *ozbiljnost što se krije u bjensilu mora.*
> (Poglavlje 5.1., primjer broj 6)

U navedenoj rečenici na engleskom jeziku imamo priložen oznake: *only once in all that time (jedan jedini put i cijelo to vrijeme)* i *again (ponovo)* koje ukazuju da je riječ o svršenoj radnji u prošlosti, jer ne možemo reći: *On je jedan jedini put cijelo to vrijeme ponovno spoznavao,* jer to ne bi imalo smisla kada bi se prevelo na hrvatski jezik. Također je važno spomenuti i imenicu *glimpse,* koja pridonosi zaključku da je riječ o svršenoj radnji u prošlosti, jer navedena imenica ukazuje da je riječ o kratkom, trenutačnom pogledu (slobodan prijevod). Navedeno vrijedi i za primjere broj 10, 12, 15, 25, 35 u poglavlju 5.1.

Primjer broj 12 navedenog poglavlja je zanimljiv ne samo zbog postojanja priložne oznake *for the first time (prvi put),* nego zato što u navedenom primjeru imamo i povratni glagol u prijevodu na hrvatski jezik.

> (2*) *My eyes met his eyes for the first time at that inquiry.* (J.C.)
> *Moje su se oči susrele s njegovima prvi put na onoj raspravi.*

b) Upotreba perfekta imperfektivnih glagola uvjetovana priložnim oznakama ili nekim drugim riječima

> (3*) *They talked everlastingly of turns of luck...* (J.C.)
> *Neprestance su pričali o kolu sreće...*
> (Poglavlje 5.1.1., primjer 5)

U navedenoj rečenici na engleskom jeziku imamo prilog *everlastingly* (*neprestance*), koji ukazuje da je riječ o trajnijoj radnji u prošlosti, pa je prevoditelj u prijevodu glagolskog oblika *talked* (odnosi se na *they*) s engleskog na hrvatski jezik upootrijebio perfekt imperfektnog glagola *su pričali*. Važno je istaći da glagol *talk* ima trajno značenje za razliku od glagola *say* ili čak možda *speak,* koji imaju značenje svršenosti, što je također jedan od razloga upotrebe perfekta imperfektnog glagola u prijevodu glagolskoga oblika *talked* na hrvatski jezik. Navedeno vrijedi i za primjere pod brojem 3, 7, 34, 47, 49 u poglavlju 5.1.1. U primjeru broj 7 navedenog poglavlja imamo također upotrebu povratnog glagola *razvijao se* u prijevodu glagolskog oblika <u>*grew up*</u> (odnosi se na *sentiment*):

> (4*) <u>In_time</u> *beside the original disdain there* <u>*grew up*</u> *slowly another sentiment...* (J.C.)
> I <u>*malo-pomalo*</u> <u>*razvijao se*</u> *u njemu uz prvobitni prijezir i jedan drugi osjećaj ...*

Glagol *grow up* znači i *narasti, uzrasti*, itd., pa je prevoditelj mogao navedenu rečenicu prevesti: *I malo pomalo* <u>*rastao je*</u> *u njemu...*, ali možda je glagol *razvijao se* prikladniji, jedino što je navedeni glagol u hrvatskom jeziku povratan, pa dolazi s povratnom zamjenicom *sebe (se)*. Ovdje također vidimo da je prevoditelj izostavio sponu *je (razvijao je se),* koja se u ovom slučaju može izostaviti, jer daje veću ekspresivnost i prijevod zvuči prirodnije.

U primjeru broj 47 navedenog poglavlja umjesto

priložne oznake imamo veznik *while (dok, za vrijeme)* koji također ukazuje da je riječ o trajnoj, a ne svršenoj radnji u prošlosti, pa je prevoditelj u prijevodu glagolskoga oblika *listened* (odnosi se na *he*) upotrijebio perfekt imperfektivnog glagola *slušao je,* kao i u prijevodu glagolskoga oblika *chose* (odnosi se na *she*) *davala je.*

Navedeni veznik češće susrećemo kada je riječ o *prošlom trajnom vremenu* (Past Continuous Tense), ali se može susresti i kada je riječ o *općem prošlom vremenu* (Simple Past Tense). Također, važno je istaći da je glagol *listen* po svom značenju trajan za razliku od glagola *hear,* pa je i to jedan od razloga upotrebe perfekta imperfektivnog glagola u prijevodu glagolskoga oblika *listened* na hrvatski jezik.

(5*) *He <u>listened</u> to her with perfect indifference <u>while</u> she <u>chose</u> to entertain herself in this manner ...*(J.A.)
<u>Slušao</u> ju <u>je</u> potpuno ravnodušno <u>dok je</u> ona <u>davala</u> sebi oduška zajedljivim riječima.

c) Upotreba perfekta perfektivnih glagola uvjetovana kontekstom

Da bismo se uvjerili da kontekst doista uvjetuje perfektivnost/imperfektivnost radnje, navest ćemo dio konteksta za jednu rečenicu na engleskom jeziku u kojoj imamo glagol u *općem prošlom vremenu* (Simple Past Tense) preveden na hrvatski jezik *perfektom imperfektivnog glagola:*

...The living had belonged to family for generations; but Jim was one of five sons, and when after a course of light holiday literature his vocation for the sea had declared itself, he was sent at once to a „trainig-ship for officers of the mercantile marine". (1*) He <u>learned</u> there a little trigonometry and how to cross top-gallant yards. (J.C.)

> *...Župa je pripadala njego oj obitelji već naraštajima, ali je Jim bio jedan od petorice sinova, i kad se, pošto se načitao knjiga zabavne književnosti, očitovala u njemu sklonost premu moru, poslali su ga smjesta na"školski brod za časnike trgovačke mornarice." (*) Ondje <u>je naučio</u> malo trigonometrije i vještinu prelaska preko križa na jarbolu.*
> (Poglavlje 5.1., primjer broj 2)

Iz konteksta je jasno vidljivo da je u navedenoj rečenici na engleskom jeziku riječ o svršenoj radnji u prošlosti, pa je prevoditelj u prijevodu glagolskog oblika *learned* (odnosi se na *he*) na hrvatski jezik upotrijebio perfekt perfektivnog glagola *naučio je*, što je prikladnije, nego da je upotrijebio perfekt imperfektivnog glagola *učio je*, što bi značilo da radnja nije završena, a kontekst pokazuje suprotno. Navedeno vrijedi za sve ostale mprimjere u poglavlju 5.1., osim onih koje smo spomenuli kada smo govorili o postojanju priložnih oznaka ili nekih drugih riječi i njihovom utjecaju na upotrebu perfekta perfektivnih glagola.

d) Upotreba perfekta imperfektivnih glagola uvjetovana kontekstom

...He showed the boat-book, which he had carried below for the purpose, and produced a sensation. „No silly! It was not his

flesh that held him – his breeches did. Lots of blood, of course."
(2*) Jim thought it a pitiful display of vanity. (J.C.)
...Pokazivao je čaklju, koju je upravo radi toga donio dolje, te je izazvao živo uzbuđenje. – Ne, glupane! Nije se zadržala u njegovu mesu – nego mu se zakačila za hlače. Mnogo je krvario, dakako. (*) Jim je na to gledao kao na blijedo tašto razmetanje.
(Poglavlje 5.1.1., primjer broj 1)

Navedeni kontekst ukazuje da je riječ o nesvršenoj radnji, pa je prevoditelj u prijevodu glagolskog oblika *thought* (odnosi se na *Jim*) upotrijebio perfekt imperfektivnog glagola *gledao je*. Također, vidimo da glagol *think* ovdje nije preveden doslovice, nego je prilagođen kontekstu i sasvim je opravdana prevoditeljeva upotreba imperfektivnog glagola *gledati*, jer bi prijevod s doslovnim značenjem glagola *think* zvučao neprikladno: *Jim je na to mislio kao na...*

Navedeno vrijedi za sve ostale primjere u poglavlju 5.1.1. osim onih koje smo spomenuli kada smo govorili o utjecaju priložnih oznaka ili nekih drugih riječi na upotrebu perfekta imperfektivnih glagola. Iz gore navedenog možemo zaključiti da priložne oznake ili neke druge riječi utječu na prevoditeljevu odluku da upotrijebi perfekt perfektivnih, ili imperfektivnih glagola, ali u većini primjera, upotreba perfekta perfektivnih ili imperfektivnih glagola je uvjetovana kontekstom.

e) Upotreba aorista umjesto perfekta perfektivnih ili imperfektivnih glagola

Govoreći o prijevodnim ekvivalentima *prošlog završenog vremena* (Simple Past Tense) u hrvatskom jeziku, spomenuli smo i *aorist* kao jedan od prijevodnih ekvivalenata navedenog glagolskog vremena, što smo i potkrijepili primjerima u četvrtom poglavlju, gdje smo vidjeli da su oba prevoditelja koristila aorist u prijevodima *prošlog završenog vremena* (Simple Past Tense) s engleskog na hrvatski jezik. Kao glavni razlog upotrebe aorista u prijevodima *prošlog završenog vremena* (Simple Past Tesne) u navedenim dvama romanima mogla bi se navesti težnja obaju prevoditelja da njihovi prijevodi bolje dočaraju duh tadašnjeg vremena (roman *Lord Jim* je objavljen 1900. godine, a roman *Pride and Prejudice* 1813. godine, dakle, riječ je o 19. stoljeću). Znamo da je imperfekt jedno od glagolskih vremena za prošlost u hrvatskom jeziku, ali je ono danas skoro potpuno izišlo iz upotrebe u prijevodima *prošlog završenog vremena* (Simple Past Tense) i *prošlog trajnog vremena* (Past Continuous Tense) u navedenim dvama romanima. Dakle, aorist ipak još uvijek „živi", ali je nazočan jedino u prijevodima i tada ima zadaću dati veću ekspresivnost i autentičnost prijevodu:

(1*) *Then it was that hour glances <u>met</u>.* (J.C.)
    Upravo <u>se</u> u tom času naše oči <u>susretoše</u>.
    (Poglavlje 5.1.2. primjer broj 6)

(2*) *The ladies grived over such a number of ladies...*
(J.A.)
   Djevojke se rastužiše zbog tako velikog broja dama...
   (Poglavlje 5.1.2.primjer broj 42)

f) Značenje glagola uvjetuje upotrebu *prošlog završenog vremena* (Simple Past Tense) *umjesto prošlog trajnog vremena* (Past Continuous Tense)

Poznato nam je da u engleskom jeziku postoje glagoli koji se ne mogu upotrijebiti u „trajnim" (continuous) glagolskim vremenima s obzirom na svoje značenje (iako postoje iznimke), pa kad je riječ o radnji koja je trajala u određeno vrijeme u prošlosti, upotijebit ćemo *prošlo završeno vrijeme* (Simple Past Tense) umjesto *prošlog trajnog vremena* (Past Continuous Tense) kada je riječ o glagolima koji se ne mogu upotrijebiti u „trajnim" (continuous) glagolskim vremenima, što smo mogli vidjeti u primjerima koje smo naveli u četvrtom poglavlju. Sada ćemo izdvojiti neke od primjera iz četvrtog poglavlja da bismo potkrijepili navedeno:

(1*) *Mr Symons saw it.* (J.C.)
   Vidio ga je gospodin Symons.
   (Primjer broj 3, poglavlje 5.1.)

U navedenoj rečenici na engleskom jeziku imamo glagol *see* koji pripada stativnim glagolima (stative verbs) koji se u engleskom jeziku ne upotrebljavaju u „trajnim" (continuous) vremenima (što je slučajem u navedenom primjeru broj 3 u

189

poglavlju 5.1.). Međutim, kada navedeni glagol znači „ to see sb off" (ispratiti nekoga), npr. *He was seeing her off home after party* (*Otpratio ju je kući poslije zabave*); „to meet sb by appointment" (Vidjeti se s nekim po dogovoru), itd., npr. *We are seeing Peter at the airport at 10 am tomorrow* (*Vidjet ćemo se s Petrom u 10 sati ujutro*), navedeni glagol se može upotrijebiti u „trajnim" (continuous) glagolskim vremenima. (Thompson & Martinet, 1996., str. 156. i 158.). Navedeno vrijedi za glagole u primjerima: 1, 2, 11, 23, 40, 47, u poglavlju 5.1.

> (2*) *It was at Sir William Lucas's ...* (J.A.)
> *Dogodilo se to kod Sir Williama Lucasa...*
> (Primjer broj 49, poglavlje 5.1.)

U navedenoj rečenici na engleskom jeziku imamo pomoćni glagol *be*, kojim se izražava: postojanje nekoga ili nečega, ili se upotrebljava da se dâ neka informacija o nekoj osobi ili stvari, njime se izražava fizičko ili mentalno stanje, itd., i tada se navedeni glagol isključivo upotrebljava u „običnim" (simple) glagolskim vremenima (što je slučajem u navedenom prijmeru broj 49 u poglavlju 5.1.) Međutim, kada se glagol *be* upotrebljava uz neke pridjeve (*foolish/wise, good/bad*, itd.), npr. *He was beeing foolish* (*Ponašao se naivno*), što znači da nije riječ o osobini navedene osobe, nego o njezinom stanju koje je vrijedilo u neko određeno vrijeme u prošlosti (Thompson & Martinet, 1996., str. 118.), može se upotrijebiti u „trajnim" (continuous) glagolskim vremenima. Navedeno vrijedi za upotrebu glagola *be* u primjerima: 4, 10, 18, 32, 34, 49, 50, u poglavlju 5.1. i primjeru 17 u poglavlju 5.1.1. Slična je upotreba glagola *have* u primjeru 47 u poglavlju 5.1. i primjeru 4 u poglavlju 5.1.1.

(3*) *In that respect his friend had greately the adventage.*
(J.A.)
U tom ga je pogledu njegov prijatelj znatno nadmašio.

U navedenoj rečenici na engleskom jeziku glagol *have* je upotrijebljen u svom glavnom značenju – *posjedovanja* i kao takav, navedeni glagol ne možemo upotrijebiti u „trajnim" (continuous) glagolskim vremenima, tj. ne možemo reći: *In that respect his friend was having the adventage.*

(4*) *He felt angry with the brutal tumult of earth and sky...* (J.C.)
Ljutio se na onaj divlji bijes neba i zemlje...
(Primjer broj 2, poglavlje 5.1.1.)

U navedenoj rečenici imamo glagol *feel*, koji pripada stativnim glagolima (stative verbs), pa za njega vrijedi sve ono što smo rekli za glagol *see*. Međutim, kada navedeni glagol znači npr: „ to touch" (*dirnuti/osjetiti*), npr. *The doctor was feeling her puls* (*Liječnik joj je mjerio puls*), ili „Try to find sth by touching" (*pokušati naći nešto dodirom*), može se upotrijebiti u „trajnim" (continuous) glagolskim vremenima. (Thompson & Martinet, 1996., str. 157.). Slična je upotreba glagola *feel* u primjeru 43 u navedenom poglavlju. Navedeni primjeri pokazuju da se u prijevodu *prošlog završenog vremena* (Simple Past Tense) na hrvatski jezik može upotrijebiti perfekt perfektivnih ili imperfektivnih glagola, iako navedeni glagoli: *see* i *feel* pripadaju stativnim glagolima (stative verbs) koji se ne mogu upotrijebiti u „trajnim" (continuous) glagolskim vremenima, osim kada znače nešto drugo (slično vrijedi za pomoćne glagole: *be i have*), ali u primjeru broj 2 u poglavlju 5.1.1. prevoditelj je upotrijebio perfekt imperfektivnog glagola *ljutio se* u prijevodu glagolskog oblika *felt angry*, što možemo objasniti činjenicom da se perfekt u hrvatskom jeziku tvori od perfektivnih i imperfektivnih glagola, pa ovisno o situaciji možemo upotrijebiti jedan ili drugi oblik glagola bez obzira što nije riječ o prijevodu *prošlog trajnog trajnog vremena* (Past Continuous Tense) nego u prijevodu *prošlog završenog vremena* (Simple Past Tense) na hrvatski jezik. Navedeno vrijedi za primjere: 1,3, 23, 24, 32, 38, 43, 44, u poglavlju 5.1.1.

6.2. Upotreba perfekta imperfektivnih glagola u prijevodu *prošlog trajnog vremena* (Past Continuous Tense)

Sada ćemo kao i u prethodnom poglavlju navesti uvjete upotrebe (u ovom slučaju perfekta imperfektivnih glagola) u prijevodima *prošlog trajnog vremena* (Past Continuous Tense) na hrvatski jezik:

a) Upotreba perfekta imperfektivnih glagola uvjetovana priložnim oznakama ili nekim drugim riječima

(1*) *His steamer <u>was loading</u> in the Roads, and he <u>was abusing</u> the tyrannical institutions of the German empire, and <u>soaking</u> himself in beer <u>all day long</u> and <u>day after day</u> in De Jongh's back – shop... (J.C.)*
 Njegov <u>su</u> parobrod tada <u>nakrcavali</u> na sidrištu, a on <u>je</u> <u>psovao</u> tiranske ustanove Njemačkog Carstva i <u>kupao se</u> u pivu <u>cijeli</u> <u>dan</u>, i to <u>dan za danom</u> u stražnjem dijelu De Jonghova lokala. (Poglavlje 5.2. primjer broj 9).

U navedenoj rečinici u engleskom jeziku imamo priložne oznake: *all day long (cijeli dan)* i *day after day (dan za danom)* koje ukazuju daje riječ o trajnoj radnji u prošlosti, pa je prevoditelj u prijevodu glagolskih oblika: *was loading (odnosi se na they), was abusing* i *was soaking* (odnosi se na *he*) na hrvatski jezik upotrijebio perfekt imperfektivnih glagola: *nakrcavali su, psovao je* i *kupao se*. Vidimo da je prevoditelj u prijevodu trećeg glagola u primjeru broj 9 u poglavlju 4.2.4. upotrijebio povratnu zamjenicu *kupao se*, koja postoji i u engleskoj verziji *was soaking himself*. Također, zamjećujemo da je prevoditelj izostavio sponu *je*, što za posljedicu ima veću ekspresivnost prijevoda. Istu ulogu priložnih oznaka imamo u primjerima: 8, 41, 44, 46, 49, u poglavlju 5.2.

(2*) *Bingley was shore of beeing liked wherever he appeared, Darsy <u>was</u> <u>continually</u> <u>giving</u> <u>offense</u>. (J.A.)*
 Bingley je bio siguran da će se dopasti gdje god se pojavi, a Darsy <u>se stalno zamjerao</u> ljudima.

U hrvatskoj verziji prijevoda glagolskog oblika *was giving offense (zamjerao je se)* vidimo da je riječ o povratnom glagolu koji uvijek dolazi s povratnom zamjenicom *sebe (se)*, dok u engleskoj verziji povratne zamjenice nema i također vidimo da je prevoditelj ispustio sponu *je (se je zamarao)*, čime je prijevod dobio na ekspresivnosti.

(3*) *And even <u>while I was speaking</u> I was impationt to begin the letter...* (J.C.)

> <u>Dok</u> <u>sam</u> još <u>razgovarao</u>, osjećao sam nestrpljivu želju da započnem to pismo...
>
> (Poglavlje 5.2. primjer broj 36).

U navedenoj rečenici na engleskom jeziku imamo veznik *while (dok)*, čija upotreba ukazuje da je riječ o trajnoj radnji u prošlosti. Istu ulogu veznika *while* imamo u primjeru 48 u istom poglavlju.

b) Značenje glagola uvjetuje upotrebu *prošlog trajnog vremena* **(Past Continuous Tense) umjesto** *prošlog završenog vremena* **(Simple Past Tense)**

Već smo rekli da zbog svog značenja, neki glagoli ne mogu biti upotrijebljeni u „trajnim" (continuous) glagolskim vremenima, ali, također, neki se glagoli upravo zbog svog trajnog značenja upotrebljavaju isključivo u „trajnim" (continuous) glagolskim vremenima, što ćemo vidjeti analizom sljedećih primjera:

(1*) *... and from below many eyes <u>were looking</u> at him out of the dark faces, out of white faces, out of red faces...* (J.C.)

> *... a odozgo <u>je</u> u nj <u>gledalo</u> mnogo očiju s tamnih lica, s bijelih lica, s crvenih lica...* (Primjer broj 4, poglavlje 5.2.)

U navedenoj rečenici imamo galago *look at*. Važno je spomenuti da glagol *look* pripada stativnim glagolima (stative verbs), o kojima smo već govorili kada smo spominjali glagole: *see* i *feel*.

Međutim, kada glagol *look* znači „look for sth" (tražiti nešto), npr. *He was looking for his glasses* (*Tražio je svoje naočale*), ili „look on/at sth" (promatrati nešto s nekom namjerom), itd., može se upotrijebiti u „trajnim" (continuous) glagolskim vremenima (što je slučajem u primjeru broj 4 u poglavlju 5.2.) (Thompson &Martinet, 1997., str.156.) U navedenoj rečenici na engleskom jeziku imamo glagol *think*, koji također pripada stativnim glagolima (stative verbs), pa se kao takav ne može upotrijebiti u „trajnim" (continuous) glagolskim vremenima. Međutim, kada glagol *think* znači „to consider" (razmatrati nešto, razmišljati o nečemu s nekom namjerom), može se upotrijebiti u „trajnim" (continuous) glagolskim vremenima (Thompson & Martinet, 1997, str. 156.) (što je slučajno u primjeru broj 33 iz poglavlja 5.2.). Istu upotrebu glagola *think* imamo još u primjeru 39 u poglavlju 5.2.

c) Upotreba perfekta imperfektivnih glagola uvjetovana kontekstom

... He confronted savages on tropical shores, quelled mutinies on the high seas, and in the small boat upon the ocean kept up the hearts of despairing men – always on example of devotion to duty, and as a hero in a book. „Something's up. Come along." He leapt to his feet. (1*) The boys were streaming up the ladders. (J.C.)

...Sukobljavao bi se sa divljavicima na tropskim obalama, umirivao pobune na pučini, i u malom čamcu, što luta oceanom, hrabrio duh svojih drugova koji očavaju – uvijek primjer čovjeka odana svojoj dužnosti, i nepokolebljiva poput junaka u knjigama. „Nešto se dogodilo! Svi ovamo!" On skoči na noge. (*) Drugovi su navaljivali na ljestve. (Primjer broj 1, poglavlje 5.2.)

Iz navedenog konteksta jasno je uočljivo da je riječ o trajnoj radnji u prošlosti, pa je sukladno tomu prevoditelj upotrijebio *perfekt imperfektivnog glagola navaljivali su* u prijevodu glagolskoga oblika *were streaming up* (odnosi se na *the boys*). Navedeno vrijedi za sve primjere u istom poglavlju, osim onih koje smo spomenuli kada smo govorili o utjecaju priložnih oznaka ili nekih drugih riječi na upotrebu perfekta imperfektivnih glagola,

6.3. Upotreba perfekta perfektivnih i imperfektivnih glagola u prijevodu „perfekta prošlog „(Past Perfect Tense)

Sada ćemo pokušati objasniti prevoditeljevu upotrebu perfekta perfektivnih i imperfektivnih glagola u prijevodu „perfekta" prošlog (Past Perfect Tense) na hrvatski jezik na osnovi analize primjera iz četvrtog poglavlja.

a) Upotreba perfekta perfektivnih glagola uvjetovana priložnim oznakama ili nekim drugim riječima

(1*) *The other two had picked themselves up by that time...*
   Ona druga dvojica dotle su se sabrala...
   (Primjer broj 38, poglavlje 5.5.)

U navedenoj rečenici na engleskom jeziku imamo priložnu oznaku *by that time (dotle)*, koja ukazuje da je riječ o svršenoj radnji, pa je prevoditelj u prijevodu glagolskog oblika *had picked themselves up* upotrijebio perfekt perfektivnog glagola *sabrala su se*. Vidimo da u engleskoj verziji imamo povratnu zamjenicu *themselves*, koju na hrvatski jezik prevodimo povratnom zamjenicom *sebe (se)*. Navedeno vrijedi i za primjere: 40, 41, 44, 48, 49 u istom poglavlju.

b) Upotreba perfekta imperfektivnih glagola uvjetovana priložnim oznakama ili nekim drugim riječima

(1*) It *had stood* there *for centuries*... (J.C.)

Stajala je ondje *stoljeća i stoljeća*...

(Primjer broj 1, poglavlje 5.5.1.

U navedenoj rečenici na engleskom jeziku imamo priložnu oznaku *for centuries* (*stoljeća i stoljeća*), koja ukazuje da je riječ o trajnoj radnji u prošlosti, pa je prevoditelj u prijevodu glagolskog oblika *had stood* (odnosi se na *it*) upotrijebio perfekt imperfektivnog glagola *stajala je*. Navedeno vrijedi i za primjere: 3, 23, 34, 31 u istom poglavlju.

c) Upotreba perfekta perfektivnih glagola uvjetovana kontekstom

...They streamed aboard over three gangways, they streames in urged by faith and the hope of paradise, they streamed in with a continuous tramp and shuffle of bare feet, whitout a woord, a murmur, or a look back; and when a clear of confining rails spread on all sides over the deck, flowed forwardn anf aft,

*overflowed down the yawning hatchways, filled the inner
recesses of the shipp – like water a cister, like water flowing
into crevices and crannies, likewater rising silently even with
the rim. (1*) Eight hundred men and woman with faith and
hopes, with affections and memories, they <u>had</u> <u>collected</u> there...*
(J.C.)

> -... *Oni su dolazili na brod preko tri brvna, dolazili
> gonjeni vjetorm i nadom u raj, dolazili neprekidno
> tapkajući i vukući bose noge, bez riječi, bez mrmljanja i ne
> osvrućući se. A kad su prošli kroz pregrade, kojih je bilo
> na svim stranama palube, razmilješe se u svim
> smjerovima, straga i sprijeda, razliše uz razjapljene otvore
> ispod palube, ispune unutranje zakutke broda – poput
> vode koja ispunja cisternu, vode koja ulazi u sve pukotine,
> i u sve rupe, vode koja se šutke penje do iste ravnine s
> rubom. (1*) Osam stotina muškaraca i žena s vjerom i
> nadama, osjećaima i uspomenama, <u>sabralo se</u> tu...*
> (Primjer broj 5, poglavlje 5.5.)

Iz navedenog konteksta vidimo da je riječ o svršenoj
radnji, pa je sukladno tome prevoditelj upotrijebio
perfekt perfektivnog glagola *sabralo se* u prijevodu
glagolskog oblika *had collected* (odnosi se na *eight
hundered men and women*). Također, zamjećujemo da
je prevoditelj izostavio sponu *je* (*sabralo je se*) čime
prijevod ne gubi, nego dobiva na ekspresivnosti.

Sličan je utjecaj konteksta u prijevodu
„perfekta prošlog" (Past Perfect Tense) u svim
primjerima u istom poglavlju, osim oniih koje smo
spomenuli kada smo govorili o priložnim
oznakama ili nekim drugim riječima i njihovom
utjecaju na upotrebu perfekta perfektivnih glagola.

d) Upotreba perfekta imperfektivnih glagola uvjetovana kontekstom

...There was nothing like it in the world, and I suppose if you had asked him point-blank he would have conffesed that in his opiniopn there was not such another cimmander. The choice had falles upon the right man. The rest of mankinf that did not command the sixteen-knot steel steamer Ossa were rather poor creatuers. (*) He <u>had saved</u> lives at sea, <u>had rescued</u> ships in distress... (J.C.)

> *...Smatrao je da se ništa na svijetu ne može upsorediti s time, i mislim, kada biste ga bez okolišanja zapitali, on bi priznao da oi njegovu mišljenju nema drugoga takvoga zapovjednika. Izbor je dakle, pao na pravoga čovjeka. Ostali ljudi, koji nisu zapovijedali čeličnim parobrodom Ossa, od šesnaest uzlova, bili su, dakako, prilično bijedni. (*) On <u>je spašavao</u> živote na moru, on je <u>izbavljao</u> brodove iz nevolje...*
> (Primjer broj 5, poglavlje 5.5.1.).

Iz navedenog konteksta jasno je vidljivo da je riječ o trajnoj radnji, odnosno radnji koja se ponavljala u prošlosti, pa je prevoditelj upotrijebio perfekt imperfektivnih glagola: *je spašavao* i *je izbavljao* u prijevodu glagolskih oblika: *had saved* i *had rescued* (odnosi se na *he*) na hrvatski jezik. Navedeno vrijedi i za sve primjere u poglavlju 5.5.1., osim onih koje smo spomenuili kada smo govorili o utjecaju priložnih oznaka ili nekih drugih rijeli na upotrebu perfekta imperfektivnih glagola.

c) Značenje glagola uvjetuje upotrebu „perfekta prošlog" (Past Perfect Tense) umjesto „perfekta prošlog trajnog" (Past Perfect Continuous Tense)

Ovdje vrijedi sve ono što smo rekli o utjecaju značenja glagola na upotrebu „običnih" (simple) umjesto „trajnih" (continuous) glagolskih vremena kada smo govorili o upotrebi *prošlog završenog vremena* (Simple Past Tense), samo što je sada riječ upotrebi „perfekta prošlog" (Past Perfect Tense) umjesto „perfekta prošlog trajnog" (Past Perfect Continuous Tense), što ćemo potkrijepiti analizom nekoliko primjera iz petog poglavlja:

(1*) *Mary <u>had heard</u> herself mentioned to Miss Bingley...*
  Mary <u>je čula</u> kada su o njoj rekli gospođici Bingley ...
  (Primjer broj 42, poglavlje 5.5.)

U navedenoj rečenici na engleskom jeziku imamo glagol *hear*, koji pripada stativnim glagolima (stative verbs) i kao takav se ne upotrebljava u „trajnim" (continuous) glagolskim vremenima (što je slučajem u primjeru broj 42 u poglavlju 5.5.), osim kada znači „listen formally to complaints, evidence" (službeno saslušanje glede pritužbi, dokaza, itd.), kada se može upotrijebiti u „trajnim" (continuous) glagolskim vremenima (Thompson & Martinet, 1996, str. 156.). Navedeno vrijedi i za primjere: 21,31, 45 u istom pogalvlju.

(2*) *He nad the chief engineer <u>had been</u> cronies for a good few years... (J.C.)*
  On i glavni strojar <u>bili su</u> pobratimi ima dobrih nekoliko godina... (primjer broj 11, poglavlje 5.5.)

U navedenoj rečenici na engleskom jeziku imamo glagol *be*, za kojega vrijedi sve ono što smo o navedenom glagolu rekli kada smo govorili kako značenje glagola uvjetuje upotrbu *prošlog završenog vremena* (Simple Past Tense) umjesto *prošlog trajnog vremena* (Past Continuous Tense), što i ovdje vrijedi, samo što je riječ o upotrebi „perfekta prošlog" (Past Perfect Tense), umjesto „perfekta prošlog trajnog" (Past Perfect Continuous Tense).

(3*) *That unspeakable vagabond, Mariani, who <u>had known</u> the man...* (J.C.)
    Ta bestidna skitnica Mariani, koji ga <u>je</u> već <u>poznavao</u>...
    (Primjer broj 4, poglavlje 5.5.1.)

(4*)... *he <u>had felt</u> their importance in the familiy circle.* (J.A.)
    ... *<u>osjećao je</u> koliko su važne u obiteljskom krugu.*
    (Primjer broj 38, poglavlje 5.5.1.)

U primjeru broj 4 iz poglavlja 5.5.1. imamo glagol *know* koji pripada stativnim glagolima (stative verbs), kao i glagol *feel* u primjeru broj 38 iz istog poglavlja, pa za njih vrijedi ono što već znamo o takvoj vrsti glagola. Međutim, ono što je zanimljivo jest da, iako navedeni glagoli nisu upotrijebljeni u „perfektu prošlom trajnom" (Past Perfect Continuous Tense), nego u „perfektu prošlom" (Past Perfect Tense): *had known* i *had felt* (odnosi se na *he*), prevoditelj je u prijevodu navedenih oblika na hrvatski jezik upotrijebio perfekt imperfektivnih glagola: *poznavao je* i *osjećao je*, što znači da navedeni glagoli nemaju isto značenje u hrvatskom jeziku i bez obzira što u engleskoj verziji nisu upotrijebljeni u „trajnom" glagolskom vremenu, u hrvatskom jeziku mogu imati značenje trajnih glagola. To možemo opravdati činjenicom da se pretprošlo vrijeme ili pluskvamperfekt u hrvatskom jeziku tvori od perfekta perfektivnih i imperfektivnih glagola (također se može zamijeniti perfektom perfektivnih i imperfektivnih glagola), pa se ovisno o situaciji, u prijevodu „perfekta prošlog" (Past Perfect Tense) na hrvatski jezik može upotrijebiti perfekt perfektivnih ili imperfektivnih glagola. Navedeno vrijedi i za primjere: 17, 25, 29, 32, 43, 47, 50 u poglavlju 5.5.1.

6.4. Upotreba perfekta imperfektivnih galgola u prijevodu „perfekta prošlog trajnog" (Past Perfect Continuous Tense)

U ovom poglavlju ćemo uraditi slično kao u prethodnim poglavljima, tj. pokušat ćemo objasniti prevoditeljevu upotrebu perfekta imperfektivnih glagola (koji u ovom slučaju zamjenjuje pluskvamperfekt, jer u prijevodu na hrvatski jezik nismo našli primjere upotrebe pluskvamperfekta) u prijevodu „perfekta prošlog trajnog" (Past Perfect Continuous Tense) na hrvatski jezik:

a) Upotreba perfekta imperfektivnih glagola uvjetovana priložnim oznakama ili nekim drugim riječima

(1*) The two girls _had beeen whispering to each other_ _during the whole visit_. (J.A.)

Dvije _su se_ sestre _došaptavale_ za cijelo vrijeme posjeta. (Primjer broj 23, poglavlje 5.3.)

U navedenoj rečenici na engleskom jeziku imamo priložnu oznaku *during the whole visit* (*za cijelo vrijeme posjeta*), koja ukazuje da je riječ o trajnoj radnji, pa je prevoditelj u prijevodu glagolskog oblika *had been whispering to each other* (odnosi se na *the girls*) upotrijebio *perfekt imperfektivnog glagola,* jer s obzirom na navedenu priložnu oznaku prijevod s perfektivnim glagolom ne bi bio moguć, odnosno ne bi imao smisla, što možemo i vidjeti ako umjesto imperfektivnog upotrijebimo perfektivni oblik galgola: **Dvije su se sestre došaptale za cijelo vrijeme posjeta*. Također, u engleskoj verziji imamo povratnu zamjenicu *to each other*, pa je u prijevodu na hrvatski jezik prevoditelj upotrijebio povratni glagol *došaptavale su se*. Sličnu ulogu priložnih oznaka imamo u primjerima: 1,3, 7,8, 9, 14, 20, 21, 24, u istom poglavlju.

(2*) ...*while I had been making all that noise.* (J.C.)
    ... *dok sam dizao svu tu galamu.*
    (Primjer broj 17, poglavlje 5.3.)

U navedenoj rečenici na engleskom jeziku imamo veznik *while* (*dok, za vrijeme*), koji ukazuje da je riječ o trajnoj radnji, pa nam i nije potreban širi kontekst da bismo to shvatili.

b) Upotreba perfekta imperfektivnih glagola uvjetovana kontekstom

... *Then we spoke almost together. „I will soon show you I am not, „ he said, in a tone suggestive of crisis. „I declare I don't know,"I protested earnestly at the same time. He tried to cross* *me by the scorn of his glance. „Now that you see I am not afraid you try to crawl out of it," he said. „Who's a cur now – hey?" Then, at last, I understood.(1*) He had been scanning my features as though looking for place, where he would plant his fist. (J.C.)*

> *- A onda zaustimo gotovo u isti mah. „Uskoro ću vam pokazati da ja nisam...", reče on tonom koji je odavao krizu. „Ja izjavljujem da ne znam...", protestirao sam ozbiljno u isti mah. On me pokuša slomiti podrugljivošću svog pogleda. „Sada, kad vidite da nisam zaplašen, vi se nastojite izvući iz te kaše", reče mi. „Tko je pas – recite sada, hajde?" Sada sam tek napokon shvatio. (*) Ispitivao je crte moga lica kao da traži mjesto kamo bi spustio svoju šaku. (Primjer broj 4, poglavlje 5.3.)*

Navedeni kontekst u engleskoj verziji romana ukazuje da je riječ o trajnoj radnji u prošlosti, pa je prevoditelj u prijevodu glagolskog oblika *had been scanning* (odnosi se na *he)* upotrijebio perfekt imperfektivnog glagola *isptivao je*. Navedeno vrijedi i za primjere: 2, 5, 6, 10, 12, 15, 16, 18, 19, 22, 25 u istom poglavlju.

c) Značenje glagola uvjetuje upotrebu „perfekta prošlog trajnog" (Past Perfect Continuous Tense) umjesto „perfekta prošlog" (Past Perfect Tense)

Sljedeći primjeri također pokazuju kako značenje nekih glagola uvjetuje njihovu upotrebu „isključivo" u „trajnim" glagolskim vremenima, primjerice:

(1*) He, too, had been looking after Jim. (J.C.)
> I on je gledao za Jimom. (Primjer broj 13, poglavlje 5.3.)

U navedenoj rečenici na engleskom jeziku imamo glagol *look (after)*, za koji već znamo da pripada stativnim glagolima (stative verbs) i da se kao takav ne upotrebljava u „trajnim" glagolskim vremenima, osim u slučajevima kada znači namjerno korištenje osjetila vida, dakle, nekoga tražiti ili promatrati namjerno, kao u navedenom primjeru broj 13 iz poglavlja 5.3.

6.5. Upotreba perfekta perfektivnih i imperfektivnih glagola i prezenta imperfektivnih glagola u prijevodu „perfekta sadašnjeg" (Present Perfect Tense)

Sada ćemo navesti razloge upotrebe perfekta perfektivnih i imperfektivnih glagola i prezenta imperfektivnih glagola u prijevodu „perfekta sadašnjeg" (Present Perfect Tense) na hrvatski jezik i navedeno objasniti pomoću primjera iz četvrtog poglavlja:

a) Upotreba perfekta perfektivnih glagola uvjetovana priložnim oznakama ili nekim drugim riječima

(1*) I *have already told* her so *once* by your desire. (J.A.)
   Već sam joj to *jednom rekao* po vašoj želji.
   (primjer broj 29, poglavlje 5.7.)

U navedenoj rečnici na engleskom jeziku imamo priložne oznake: *already (već)* i *once (jednom)*, koje ukazuju da nije riječ o trajnoj, nego svršenoj radnji u prošlosti s posljedicama u sadašnjosti. Dakle, nešto je rečeno u prošlosti i to je završeno, ali posljedica toga rečenog se osjeća u sadašnjosti, dakle, navedena osoba nešto zna. Također, glagol *reći* je perfektivan u hrvatskom jeziku, pa ga se ne može upotrijebiti u imperfektivnom obliku, osim ako bismo ga zamijenili s glagolom *govoriti* koji je imperfektivan, ali uzimajući u obzir priložne oznake, bolje je riješenje s upotrebom glagola *reći* (tj. perfekta perfektivnog glagola).

Također ne možemo upotrijebiti prezent imperfektivnog glagola, jer smo već rekli da je glagol *reći* perfektivan, a ako bismo upotrijebili prezent imperfektivnog glagola ponovno bismo trebali upotrijebiti glagol *govoriti*, ali upravo zbog priložnih oznaka veći je naglasak na prošlosti nego na sadašnjosti. Važno je istaći da glagol *tell* može značiti: *pripovijedati* i *reći*, što znači dva glagola za jedan, dakle, nije samo trajni, odnosno svršeni glagol za odgovarajuće značenje. Navedeno vrijedi za primjere: 1, 5, 11, 15, 16, 20, 32, 36, 37, 43, 44 u poglavlju 5.7.

b) Upotreba perfekta imperfektivnih glagola uvjetovana priložnim oznakama ili nekim drugim riječima

(1*) It has often led him to be liberal and generous... (J.A.)
     Često ga je navodila da bude velikodušan i darežljiv...
     (Primjer broj 12, poglavlje 5.7.1.

U navedenoj rečenici na engleskom jeziku imamo prilog *often* (*često*), koji ukazuje da je riječ o nečemu što se ponavlja, odnosno što se ponavljalo u prošlosti, a čije se posljedice osjećaju u sadašnjosti, pa je prevoditelj u prijevodu glagolskog oblika *has led* (odnosi se na *it*) upotrijebio perfekt imperfektivnog glagola *navodila je*. Navedeno vrijedi za primjere: 5, 10 u poglavlju 5.7.1.

c) Upotreba prezenta imperfektivnih glagola uvjetovana priložnim oznakama ili nekim drugim riječima

(1*) I *have heard* you mention them with consideration *these twenty years at least*. (J.A.)
   Slušam već najmanje dvadeset godina kako ih spominješ sa strahopoštovanjem.
   (Primjer broj 1, poglavlje 5.7.2.)

U navedenoj rečenici na engleskom jeziku imamo priložnu oznaku *these twenty years at least* (*već najmanje dvadeset godina*), koja ukazuje da je riječ o trajnoj radnji. Međutim, kao što vidimo, prevoditelj je u prijevodu glagolskog oblika *have heard* odnosi se na *I*) upotrijebio prezent imperfektivnog glagolskog *slušam*, što se može opravdati upravo upotrebom navedene priložne oznake koja ukazuje da je veći naglasak na sadašnjosti, a ne na prošlosti u ovom slučaju, iako navedeno glagolsko vrijeme uključuje i prošlost, jer je slušanje počelo u prošlosti, ali bitno je da on i dalje sluša, pa je stoga bolja upotreba prezenta a ne perfekta kao ekvivalenta mavedenog glagolskog vremena. Također, glagol *slušati* je u hrvatskom jeziku imperfektivan. Jedino je glagol *čuti* moguće upotrijebiti u perfektivnom obliku, ali njegova upotreba u ovom slučaju ne bi imala smisla: **Čuo sam već najmanje dvadeset godina kako ih spominješ sa strahopoštovnjem.* Osim toga, glagol *hear* pripada stativnim glagolima (stative verbs), pa se kao takav ne upotrebljava u „trajnim" (continuous) glagolskim vremenima, osim kada znači namjerno korištenje osjetila (sluha u ovom slučaju). Dakle, i glagol *hear*, ima dva značenja a to su: *slušati* i *čuti*.

d) Upotreba perfekta perfektivnih glagola uvjetovana kontekstom

...*"There's a gentlman wants to get shore... Up with you, sir. Nearly got carried off to Talcahuano, didn't you? Now's your time; easy does it ... All rigt. Slack away gainforward there."* The tugs, *smoking like the pit of perdition get hold on and churn the old river into fury; the gentelman ashore is dusting his knees – the benevolent steward has shied his umbrella after him. All very.* (1*) *He* <u>has offered</u> *his bit of sacrifise to the sea...* (J.C.)

...*"Jedan gospodin želi izići na obalu... Skočite, gospodine! Umalo niste otputovali u Talcahuano, zar ne vidite? Sad je uredu; samo polagano... Dobro je. Opet popustite konopac sprijeda!"* Remorkeri, *koji se dime kao sam pakao, udaraju i dižu bijesne valove na staroj rijeci; gospodin na obali stresa prašinu sa svojih koljena – dobrohotni je služitelj dobacio njegov kišobran za njim. Sve je uredu.* (1*) *On* <u>je predao</u> *svoju malu žrtvu moru ...* (Primjer broj 8, poglavlje 5.7.)

Iz navedenog konteksta engleske verzije romana vidimo da je riječ o nečemu što se dogodilo u prošlosti, ali čije se posljedice osjećaju u sadašnjosti. Dakle, naglasak nije na trajanju radnje, pa je prevoditelj u prijevodu glagolskog oblika *has offered* (odnosi se na *he*) upotrijebio perfekt perfektivnog glagola *predao je*. S obzirom na navedeno, upotreba perfekta imperfektivnog glagola ne bi bila prikladna: On *je predavao* svoju malu žrtvu moru, jer taj prijevod s imperfektivnim glagolom nema smisla, jer se to nije ponavljalo, nego je čovjek predao svoju žrtvu moru i to je učino jednom, što je i vidljivo iz priloženog konteksta, što znači da se ne može upotrijebiti ni prezent imperfektivnog glagola s obzirom na činjenicu da je ovdje veći naglasak na prošlosti, a ne na sadašnjosti (ovdje su važne samo posljedice u sadašnjsti).

Navedeno nas upućuje da zaključak da perfektivnost u hrvatskom jeziku ima značenje rezultata, odnosno posljedica koje se osjećaju u sadašnjosti. Navedeno vrijedi za sve primjene navedenog poglavlja, osim onih kod kojih je upotreba perfektivnog glagola uvjetovana postojanjem priložnih oznaka.

e) Upotreba perfekta imperfektivnih glagola uvjetovana kontekstom

... As he used to tell me: „I am as high as I can get, my pension is safe. I've a few pounds laid by, and if they don't like my notions of duty I would just as soon go home as not. (*) I am an old man, and I have always spoken my mind. (J.C.)

...Obično bi im govorio „Popeo sam se do položaja da

kojega sam se uopće mogao popeti ; penzija mi je osigurana. Uštedio sam i nekoliko funti, pa ako im se ne sviđaju moji pojmovi o dužnosti, ja se mogu tako lijepo vratiti kući. (*) Star sam, a uvijek <u>sam</u> otvoreno <u>govorio</u> ono što mislim. (Primjer broj 1, poglavlje 5.7.1..)

Navedeni kontekst engleske verzije romana nam pomaže da shvatimo prevoditeljevu odluku da u prijevodu glagolskog oblika *have spoken* (odnosi ne na *I*), upotrijebi perfekt imperfektivnog glagola *govorio sam* (a već smo spomenuli da je navedeni glagol u hrvatskom jeziku imperfektivan.). Utjecaj konteksta na upotrebu perfekta imperfektivnih glagola imamo u svim primjerima poglavlja 5.7.1., osim onih u kojima postojanje priložnih oznaka uvjetuje upotrebu perfekta imperfektivnih glagola.

f) Upotreba prezenta imperfektivnih glagola uvjetovana kontekstom

... *"Mr Darcy is not to be laughed at!" cried Elisabeth. "That is an uncommon advantage, and uncommon I hope it will continue, for it would be a great loss to me to have many such acquintance, I dearly love a laugh. (1*) "Miss Bingley," said he, "<u>has given</u> me credit for more than can be."* (J.A.)

... *Gospodin Darcy nije sklon smijehu! – začudi se Elisabeth. – To je neobična prednost, a nadam se da će i ostati neobičnom jer bi za mene bio veliki gubitak ako bih imala mnogo takvih znanaca. Veoma volim smijeh. (*) Gospođica Bingley – reče – <u>pripisuje</u> mi nemoguću vrlinu.* (Primjer broj 2, poglavlje, 5.7.2.)

Navedeni kontekst engleske verzije romana opravdava prevoditeljevu odluku da u prijevodu glagolskog oblika *has given* (odnosi se na *Miss*

Bingley) upotrijebi prezent imperfektivnog glagola *pripisuje*, jer je iz navedenog konteksta vidljivo da je veći naglasak na sadašnjosti, iako je radnja počela u prošlosti, ali to pripisivanje još uvijek traje u sadašnjosti, što znači da nije samo riječ o nečemu što se dogodilo u prošlosti i čije su posljedice vidljive u sadašnjosti, nego je važno da to prepisivanje nemoguće vrline još uvijek ima veliku važnost i nije završilo u u trenutku govora u sadašnjosti. Navedeno vrijedi i za ostale primjere u poglavlju 5.7.2., osim primjera broj 1, koji smo spomenuli kada je riječ o utjecaju postojanja priložnih oznaka na upotrebu prezenta imperfektivnih glagola.

g) Značenje glagola uvjetuje upotrebu „perfekta sadašnjeg" (Present Perfect Tense) umjesto „perfekta sadašnjega trajnog" (Present Perfect Continuous Tense)

Analiza sljedećih primjera će također pokazati kako značenje glagola uvjetuje njihovu upotrebu u „običnim" (simple) glagolskim vremenima umjesto u „trajnim" (continuous) glagoskim vremenima:

(1*) *He related fact which I have not forgotten...* (J.C.)
  Govorio je o činjenicama, koje ja nisam zaboravio.
  (Poglavlje 5.7., primjer broj 18)

U navedenoj rečenici na engleskom jeziku imamo glagol *forget* koji pripada statinim glagolima (stative verbs) koji se ne upotrebljavajuu „trajnim" (continuous) glagolskim vremenima, osim u slučajevima kada imaju neko drugo značenje. Međutim, u navedenoj rečenici glagol *forget* je upotrijebljen u svom primarnom značenju *zaboraviti* , pa se kao takav ne može upotrijebiti u trajnom obliku navedenog glagolskog vremena. Navedeno vrijedi za primjere: 2, 3, 4, 14, 15, 17,23, 40 u poglavlju 5.7.

 (2*) <u>*Have you*</u> *ever* <u>*watched*</u> *aship floating head down...?* (J.C.)
   <u>*Jeste*</u> *li ikada prije* <u>*motrili*</u> *brod koji plovi...?*
   (Primjer broj 2, poglavlje 5.7.)

U navedenoj rečenici na engleskom jeziku imamo glagol *watch* koji pripada stativnim glagolima (stative verbs) i kao takav se ne upotrebljava u „trajnim" (continuous) glagolskim vremenima, osim kada znači *namjerno nešto gledati*, *promatrati*, što ovdje nije slučajem, pa stoga ne može biti upotrijebljen u trajnom obliku navedenog glagolskog vremena. Ali, važno je istaći da je glagol *watch* po svom značenju, tj. semantički trajan u odnosu na glagol *see,* koji je po svom značenju svršen. Navedeno vrijedi za primjer broj 10 u poglavlju 5.7.

Možemo reći da na upotrebu perfekta perfektivnih ili imperfektivnih glagola ili prezenta imperfektivnih glagola u prijevodu „perfekta sadašnjeg" (Present Perfect Tense) utječe najvećim dijelom kontekst, jer upravo na osnovi konteksta možemo vidjeti je li veći naglasak na prošlosti ili na sadašnjosti navedenog glagolskog vremena, koje i jest „spoj" navedenih dviju vremenskih dimenzija, što također u velikoj mjeri utječe i na prevoditeljevu odluku o upotrebi perfektivnog ili imperfektivnog oblika glagola.

6.6. Upotreba perfekta perfektivnih i imperfektivnih glagola u prijevodu „perfekta sadašnjeg trajnog" (Present Perfect Continuous Tense)

Na kraju ćemo upotrebu perfekta perfektivnih i imperfektivnih glagola u prijevodu „perfekta sadašnjeg trajnog" (Present Perfect Continuous Tense) pokušati predstaviti analizom primjera iz četvrtog poglavlja:

a) Upotreba perfekta imperfektivnih glagola uvjetovana priložnim oznakama ili nekim drugim riječima

U primjerima koje smo naveli u četvrtom poglavlju nema priložnih oznaka koje bi nam mogle pomoći da objasnimo prevoditeljevu odluku da upotrijebi perfekt perfektivnog ili imperfektivnog glagola u prijevodu „perfekta sadašnjeg trajnog" (Present Perfect Continuous Tense). Međutim, ako imamo „trajno" (continuous) glagolsko vrijeme, logično se očekuje trajni glagol, ali ako to nije slučajem, onda treba tražiti razlog.

b) Upotreba perfekta imperfektivnih glagola uvjetovana kontekstom

..." *You are considering how insupportable it would be to pass many evenings in this manner – in such society; and indeed I*

am quite of your opinion. I was never more annoyed! The insipidity and yet the noise – the nothingness, and yet the self – importance of all these people! What would I give to hear your structures on them!" – *„Your conjecture is totally wrong, I assure you. My mind was more agreeably engaged. (1*) I <u>have been meditating</u> on the very great pleasure"...* (J.A.)
... *„Razmišljate o tome kako bi bilo nepodnošljivo provoditi mnoge večeri na ovaj način...u ovakvom društvu. Ja se potpuno slažem s vama. Nikad mi nije bilo dosadnije. Tolika dosada, a ipak tolika buka...toliko ništavilo, a ipak tolika uobraženost svih tih ljudi! Što bih dala da čujem vašu kritiku o njima!"* – *„Vaša je pretpostavka sasvim pogrešna, uvjeravam vas. Moj je um bio zauzet ugodnijim mislima. (*) <u>Razmišljao sam</u> o vrlo velikom zadovoljstvu"...* (Primjer broj 1, poglavlje 5.8.)

Navedeni kontekst nam pomaže shvatiti razlog prevoditeljeve odluke da u prijevodu glagolskog oblika *have been meditating* (odnosi se na *I*), upotrijebi perfekt imperfektivnog glagola *razmišljao sam*. Naime, rekli smo da su perfekt perfektivnih i imperfektivnih glagola ekvivalenti „perfekta sadašnjeg trajnog" (Present Perfect Continuous Tense), ali u navedenom slučaju je veći naglasak stavljen na trajanje radnje u prošlosti koja još uvijek traje u trenutku govora u sadašnjosti, pa je upotreba imperfektivnog oblika glagola prikladnija, jer prijevod ima više smisla, nego da je prevoditelj upotrijebio perfektivan oblik glagola *razmislio sam*: <u>Razmislio sam</u> *o vrlo velikom zadovoljstvu...* Kao što vidimo, upotreba perfektivnog oblika glagola nikako ne odgovara navedenom kontekstu.

c) Upotreba perfekta perfektivnih glagola uvjetovana kontekstom

... She was engaged one day as she walked in reprusing Jane`s last letter, and dwelling on some passage which proved that Jane had not written in spirits, when instead of being again surprised by Mr Darcy, she saw on looking up that Colonel Fitzwilliam was meeting her. Putting away the letter immediately, and forcing a smile, she said, „ I did not know before that you ever walked this way." – (1*) „I <u>have been making</u> the tour of the park, he replied, „as I generally do every year, and intend to close it with a call at personage..." (J.A.)

...Jendog dana, dok je šetala, čitala je ponovo posljednje Janeino pismo i zadržavala se na onim mjestima koja su odavala da je Jane pisala u potištenom raspoloženju, a kad je podigla glavu, opazila je , na svoje iznenađenje, da joj u susret ne dolazi darcy, već pukovnik Fitzwilliam. Odmah je spremila pismo, izvještačeno se nasmiješila i rekla: „Nisam znala da ikad šećete ovuda." – (*) „<u>Obišao sam</u> cijeli perivoj," odgovori on, „kao i svake godine, te namjeravam taj obilazak završiti posjetom župnom dvoru..." (Primjer broj 1, poglavlje 5.8.2.)

I u navedenom slučaju, kontekst engleske verzije romana nam objašnjava da u ovom slučaju naglasak nije na trajanju, nego na činjenici da je radnja trajala, odnosno riječ je o nečemu što se redovito ponavlja svake godine, dakle obilazak perivoja je počeo, trajao i ponavljao se u prošlosti koja uključuje trenutak govora u sadašnjosti kada je radnja prestala trajati i upravo iz tog razloga je bolje upotrijebiti perfekt perfektivnog glagola *obišao sam* u prijevodu glagolskog oblika *have been making the tour* (odnosi se na I), nego da je upotrijebljen perfekt imperfektivnog glagola *obilazio sam*, što bi značilo da radnja još traje, ali kao što je vidljivo radnja je završena. I u ostala četiri primjera upotrebe „perfekta sadašnjeg trajnog" (Present Perfect Continuous Tense), prevoditelj je u prijvodu na hrvatski jezik upotrijebio samo perfekt perfektivnih glagola, što je u suprotnosti s našim očekivanjima, jer bismo očekivali perfekt imperfektivnih glagola u prijevodu trajnog glagolskog vremena.

Naime, u svim primjerima, kontekst pokazuje da nije naglasak na trajanju radnje, iako je riječ o trajnom glagolskom vremenu, nego je riječ o radnji koja je trajala u prošlosti i u sadašnjosti se percipira kao završena i kao nešto što se najvjerojatnije neće ponoviti, pa je sukladno tome, prevoditeljeva odluka za upotrebu perfekta perfektivnih glagola potpuno opravdana. Navedeno vrijedi i za ostale primjere iz poglavlja 5.8.2.

d) Značenje glagola uvjetuje upotrebu „perfekta sadašnjeg trajnog" (Present Perfect Continuous Tense) umjesto „perfekta sadašnjeg" (Present Perfect Tense)

(1*) *He`s been having grub with you in the „Malabar" last night.* (J.C.)
    On je sinoć s vama večerao u hotelu „Malabar".
    (Poglavlje 5.8., primjer broj 8)

U navedenoj rečenici na engleskom jeziku imamo glagol *have* koji upotrijebljen u „trajnom" (continuous) glagolskom vremenu u značenju *objedovati.* Dakle, ovdje *have* ne znači doslovce imati nešto, tj. ne možemo reći imao je hranu (večeru), nego večerao je i u tom slučaju *have* se može upotrijebiti u „trajnom" (continuous) glagolskom vremenu. Također, vidimo da je u prijevodu glagolskog oblika *has been having grub* (odnosi se na *he*) upotrijebljen perfekt imperfektivnog glagola *večerao je*.

Glagol *večerati* je dvovidan, dakle može biti perfektivan i imperfektivan (što smo spomenuli kada smo govorili o aspektu u hrvatskom jeziku) i u navedenom slučaju vidimo da je glagol *večerati* imperfektivan. Naime, u navedenoj rečenici upotreba „perfekta sadašnjeg trajnog" (Present Perfect Continuous Tense) ukazuje da se radnja ne vidi kao završena, nego da je riječ o nečemu što je počelo u prošlosti, trajalo je u prošlosti i vjerojatno će se ponoviti u sadašnjosti, a da je upotrijebljen „perfekt sadašnji" (Present Perfect Tense) imali bismo dojam da je riječ o radnji koja se dogodila u prošlosti i čije se posljedice osjećaju u sadašnjosti (dakle, sinoć sam ga upoznala i sada znam tko je i kakav je), ali je radnja završena i ostavlja negativan dojam koji nas navodi na zaključak da se večera neće ponoviti.

ZAKLJUČAK

7. ZAKLJUČAK

U ovom radu bavili smo se uspoređivanjem glagolskih vremena za prošlost u hrvatskom i engleskom jeziku. Kao predlošci navedene analize glagolskih vremena za prošlost u hrvatskom i engleskom jeziku poslužili su nam romani: Lord Jim, autora Josepha Conrada i Ponos i predrasude (Pride and prejudice), autorice Jane Austen na engleskom i hrvatskom jeziku. Iz navedenih dvaju romana izdvojili smo određeni broj primjera svakog glagolskog vremena za prošlost u engleskom jeziku i vidjeli kojim su se glagolskim vremenima kao ekvivalentima poslužili prevoditelji u prijevodu glagolskih vremenā za prošlost na hrvatski jezik. Navedena analiza je pokazala određena odstupanja glede potencijalnih ekvivalenata između hrvatskih i engleskih glagolskih vremena za prošlost koja smo naveli u teoriji:

1. Spomenuli smo imperfekt kao jedan od potencijalnih prijevodnih ekvivalenata prošlog završenog vremena (Simpe Past Tense) i prošlog trajnog vremena (Past Continuous Tense), ali s obzirom na to da nismo našli primjere upotrebe navedenog glagolskog vremena u hrvatskim verzijama romana, u praksi imperfekt ne možemo smatrati hrvatskim prijevodnim ekvivalentom prošlog završenog vremena (Simple Past Tense) i prošlog trajnog vremena (Past Continuous Tense).

2. Spomenuli smo i pluskvamperfekt perfektivnih glagola kao hrvatski prijevodni

ekvivalent „perfekta prošlog" (Past Perfect Tense), odnosno pluskvamperfekt imperfektivnih glagola kao hrvatski prijevodni ekvivalent „perfekta prošlog trajnog" (Past Perfect Continuous Tense), ali s obzirom na to da nismo našli primjere upotrebe pluskvamperfekta u hrvatskim verzijama romana, u praksi ga ne možemo smatrati prijevodnim ekvivalentom „perfekta prošlog" (Past Perfect Tense), odnosno „perfekta prošlog trajnog" (Past Perfect Continuous Tense). Umjesto pluskvamperfekta, primjeri koje smo naveli pokazuju da se perfekt perfektivnih i imperfektivnih glagola može smatrati hrvatskim ekvivalentom „perfekta prošlog" (Past Perfect Tense), odnosno da se perfekt imperfektivnih glagola može smatrati hrvatskim prijevodnim ekvivalentom „perfekta prošlog trajnog" (Past Perfect Continuous Tense).

3. Također, rekli smo da je prezent imperfektivnih glagola jedan od potencijalnih prijevodnih ekvivalenata „perfekta sadašnjeg trajnog" (Present Perfect Continuous Tense), ali u hrvatskim verzijama romana nismo našli primjere koji bi potvrdili navedeno, pa stoga prezent imperfektivnih glagola u praksi ne možemo smatrati hrvatskim prijevodnim ekvivalentom „perfekta sadašnjeg trajnog" (Present Perfect Continuous Tense).

4. Govoreći o „perfektu sadašnjem trajnom" (Present Perfect Continuous Tense), u teoriji nismo naveli perfekt perfektivnih glagola kao jedan od

hrvatskih prijevodnih ekvivalenata navedenog glagolskog vremena u engleskom jeziku, ali primjeri koje smo naveli pokazuju da se osim perfekta imperfektivnih glagola i perfekt perfektivnih glagola može smatrati hrvatskim prijevodnim ekvivalentom „perfekta sadašnjeg trajnog" (Present Perfect Continuous Tense). Na kraju ćemo pomoću tablice prikazati rezultate provedene analize o postojanju potencijalnih ekvivalenata između hrvatskih i engleskih glagolskih vremenā za prošlost i nabrojati uvjete pod kojima su navedene ekvivalencije moguće:

Ukupan broj rečenica: 407	Uvjeti upotrebe perfektivnih ili imperfektivnih oblika glagola
1. PROŠLO ZAVRŠENO VRIJEME (Simple Past Tense) a) PERFEKT (perfektivni glagoli): 50 rečenica b) PERFEKT (imperfektivni glagoli): 50 rečenica c) AORIST: 50 rečenica	a) PERFEKT (perfektivni / imperfektivni glagoli): priložne oznake ili neke druge riječi b) AORIST: razdoblje u kojemu se odvija radnja romana (u našem slučaju 19.st) c) PROŠLO TRAJNNO VRIJEME umjesto PROŠLOG ZAVRŠENOG VREMENA (i obratno): značenje glagola
2. PROŠLO TRAJNO VRIJEME (Past Continuous Tense) a) PERFEKT (imperfektivni glagoli): 50 rečenica	Priložne oznake ili neke druge riječi, kontekst
3. „PERFEKT PROŠLI" (Past Perfect Tense) a) PERFEKT (perfektivni glagoli): 50 rečenica	a) PERFEKT (perfektivni / imperfektivni glagoli): priložne oznake ili neke druge riječi, kontekst

b) PERFEKT (imperfektivni glagoli): 50 rečenica	b) „PERFEKT PROŠLI" umjesto „PERFEKTA PROŠLOG TRAJNOG" (i obratno): značenje glagola
4. „PERFEKT PROŠLI TRAJNI" (Past Perfect Continuous Tense) a) PERFEKT (imperfektivni glagoli): 25 rečenica	Priložne oznake ili neke druge riječi, kontekst
5. „PERFEKT SADAŠNJI" (Present Perfect Tense) a) PERFEKT (perfektivni glagoli): 45 rečenica b) PERFEKT (imperfektivni glagoli): 15 rečenica c) PREZENT (imperfektivni glagoli): 10 rečenica	a) PERFEKT (perfektivni / imperfektivni glagoli): priložne oznake ili neke druge riječi, kontekst b) PERFEKT umjesto PREZENTA: veći naglasak na prošlosti c) PREZENT umjesto perfekta: veći naglasak na sadašnjosti d) upotreba „PERFEKTA SADAŠNJEG" umjesto „perfekta sadašnjeg trajnog" (i obratno): značenje glagola
6. „PERFEKT SADAŠNJI TRAJNI" (Present Perfect Continuous Tense) a) PERFEKT (imperfektivni glagoli): 8 rečenica b) PERFEKT (perfektivni glagoli): 4 rečenice	a) PERFEKT (perfektivni / imperfektivni glagoli): kontekst b) PERFEKT (perfektivni glagoli): veći naglasak na svršenosti, iako je radnja trajala, odnosno ponavljala se u prošlosti, ali je stala u trenutku govora u sadašnjosti b) PERFEKT (imperfektivni glagoli): naglasak na trajanju radnje u prošlosti koja još uvijek traje u trenutku govora u sadašnjosti

Na osnovi navedene analize možemo zaključiti da su od glagolskih vremena za prošlost u engleskom jeziku u književnom stilu najzastupljeniji: prošlo završeno vrijeme (Simple Past Tense) i prošlo trajno vrijeme (Past Continuous Tense). U prijevodu na hrvatski jezik upotrebljavamo: perfekt perfektivnih i imperfektivnih glagola i aorist za prošlo završeno vrijeme (Simple Past Tense) i perfekt imperfektivnih glagola za prošlo trajno vrijeme (Past Continuous Tense). Od ostalih glagolskih vremena za prošlost dosta je zastupljen i „perfekt prošli" (Past Perfect Tense), kojega na hrvatski jezik prevodimo perfektom perfektivnih i imperfektivnih glagola, a nešto manje je zastupljen „perfekt prošli trajni" (Past Perfect Continuous Tense) kojega na hrvatski jezik prevodimo perfektom imperfektivnih glagola. „Perfekt sadašnji" (Present Perfect Tense) je također dosta zastupljen u književnom stilu (najviše u dijalozima), a u prijevodu navedenog glagolskog vremena na hrvatski jezik najviše koristimo perfekt perfektivnih glagola, nešto manje perfekt imperfektivnih glagola, a najmanje prezent imperfektivnih glagola. Od svih glagolskih vremena za prošlost u engleskom jeziku u književnom stilu je najmanje zastupljen „perfekt sadašnji trajni" (Present Perfect Continuous Tense), koji na hrvatski jezik prevodimo perfektom perfektivnih i imperfektivnih glagola. Važno je istaknuti da dobiveni podaci nisu općenito primjenjivi na književni stil engleskog, odnosno hrvatskog jezika, ali smo dobili barem djelimičan uvid u sustav glagolskih vremenā za prošlost u književnom stilu navedenih dvaju jezika i, nadamo se, riješili barem neke nedoumice vezane za prijevod glagolskih vremena za prošlost, a velika je vjerojatnost da su rezultati reprezentativni i za širi krug tekstova.

Vidjeli smo da način doživljavanja glagolske radnje nije isti u hrvatskom i u engleskom jeziku (nema ekvivalencije jedan naprema jedan), jer ono što u hrvatskom jeziku doživljavamo kao trajnu radnju i izražavamo imperfektivnim glagolima, u engleskom jeziku izražavamo „trajnim" glagolskim vremenima, a ono što u hrvatskom jeziku doživljavamo kao svršenu radnju i izražavamo perfektivnim glagolima, u engleskom jeziku izražavamo „običnim" glagolskim vremenima, iako to nije uvijek tako. To nas upućuje na zaključak da je glagolski aspekt u hrvatsom jeziku morfološki, tj. glagolski aspekt je „ugrađen" u oblik glagola, pa tako sâm oblik glagola pisati ukazuje da je riječ o trajnoj radnji, a oblik glagola napisati ukazuje da je riječ o svršenoj radnji. Međutim, u engleskom jeziku glagolski aspekt nije ugrađen u oblik glagola, nego se problem glagolskog aspekta rješava uptrebom "trajnih" glagolskih vremena kada je riječ o trajnoj radnji, npr. u rečenici: He was writing a letter when I came, glagolski oblik was writing ukazuje da je riječ o trajnoj radnji u prošlosti, ili upotrebom „običnih" glagolskih vremena kada je riječ o svršenoj radnji, npr. u rečenici: He wrote a letter yeterday, glagolski oblik wrote ukazuje da je riječ o svršenoj radnji u prošlosti. Problem glagolskog aspekta se u engleskom jeziku može riješiti upotrebom priložnih oznaka, npr. priložna oznaka for centuries (stoljeća i stoljeća) ukazuje da je riječ o trajnoj radnji, dok priložna oznaka once (jedanput) ukazuje da je riječ o svršenoj radnji, ili upotrebom nekih drugih riječi, npr. veznika, pa tako veznik while (dok) najčešće susrećemo u primjerima kada je riječ o dvije radnje koje su se u prošlosti odvijale paralelno, ili samim značenjem glagola, pa tako npr. glagol listen (slušati) je po svom značenju imperfektivan, a glagol hear (čuti) je perfektivan itd.

BIBLIOGRAFIJA

BIBLIOGRAFIJA

Austen, Jane, (1984.), *Pride and Prejudice*, Volume I, George G. Harper & Co, LTD, London

Austen, Jane, (2004.), *Ponos i Predrasude*, Biblioteka Jutarnjeg lista, knjiga br. 3, Globus media d.o.o., Zagreb

Collins&Cobuild, (2002.), *English Grammar*, The University of Birmingham, Harper Collins Publishers

Chomsky, Noam, (1965.), *Aspects of the Theory of Syntax*, Cambridge, Mass. Comrie, Bernard, (1976.), Aspect, CUP

Conrad, Joseph, (1994.), *Lord Jim*, Penguin Group LTD, London

Conrad, Joseph, (1999.), *Lord Jim*, ŠK- Zagreb

Dictionary of Contemporary English, (2001), Longman Group UK Limited

Eckersley, C.E.& J.M., (1989.), *A Comprehensive English Grammar*, Longman Group UK Limited

Filipović, Rudolf, (1987.), *Contrastive Analysis of English and Serbo-Croatian, Verbal Tenses*, Volume III, Institute of Linguistics, Faculty of Philosophy, Universtity of Zagreb

Filipović, Rudolf, (1996.), *Englesko-hrvatski rječnik*, ŠK-Zagreb

Greenbaum, Sidney & Quirk, Randolph, (2003.), *A Student`s Grammar of the English Language*, Longman Group UK Limited

Greenbaum, Sidney & Quirk, Randolph, (1997.), *A University Grammar of English*, Longman Group UK Limited

Jonke, Ljudevit, (1965.), *Glagolski aspekt u tvorbi i u rečenici*, Jezik, časopis za kulturu hrvatskosrpskog književnog jezika, godište XI., Hrvatsko filološko društvo, Zagreb

Joos, Martin, (1964.), *The English Verb*, Madison, Wisconsin

Kalinić-Petrović, Elvira (1970.), *A Contrastive Analysis of the Past Tense in English and its Croatian Equivalents*, Filozofski fakultet, Sveučilište u Zagrebu

Katičić, Radoslav, (1992.), *Novi jezikoslovni ogledi*, ŠK-Zagreb

Katičić, Radoslav, (1991.), *Sintaksa hrvatskog književnog jezika*, Nacrt za gramatiku, HAZU, Nakladni zavod Globus

Lakoff, George, (1965.), *On the Nature of Syntactic Irregularity*, Report No NSF-16, Harvard University, Cambridge, Mass

Lakoff, George, (1966.), *Stative Adjectives and verbs in English*, Dittoed, NSF-17

Leech, Goeffrey N. (1971.), *Meaning and the English verb*, Longman Group, London

Paprotte, Wolf, (1989.), *A Discourse Perspective on Tense and Aspect in Standard Greek and English*, Oxford University Press

Quirk, Randolph & greenbaum, Sidney & Leech, Geoffrey & Svartvik, Jan, (1976.), *A Grammar of Contemporary English*, Longman Group UK Limited

Radden, John, (1987.), *Grounding Situations in Time*, Chapter 9, Oxford university Press

Skupina autora (Barić, Lončarić, Malić, Peti, Zečević, Znika), (1997.), *Hrvatska gramatika*, ŠK-Zagreb

Riđanović, Midhat, (1976.), *A Synchronic Study of Verbal Aspect in English and Serbo-Croatian*, Slavica Publishers, INC, Cambridge, Mass.

Talmy, Leonard, (1986.), *The Relation of Grammar to Cognition*, University of California, Berkley

Tabakowska, Elzbieta, (2005.), *Gramatika i predočavanje, Uvod u kognitivnu lingvistiku*, FF-press, Zagreb

Thompson, A.J. & Martinet, A.V., (1997.), *A Practical English Grammar*, Oxford University Press

SAŽETAK

SAŽETAK

U ovom radu pod naslovom: Kontrastivna analiza: Glagolska vremena za prošlost u hrvatskom i engleskom jeziku usporedili smo glagolska vremena za prošlost u hrvatskom i engleskom jeziku. Cilj je bio pokazati ne samo razlike, nego i sličnosti u sustavu glagolskih vremenā za prošlost u navedenim dvama jezicima. Željeli smo pokazati postojanje ekvivalencije između glagolskih vremenâ za prođlost u navedenim dvama jezicima, ali smo također vidjeli i određena odstupanja, tj. vidjeli smo da se sva glagolska vremena za prošlost u hrvatskom jeziku ne upotrebljavaju u praksi. Za korpus analize poslužila su nam dva romana na engleskom jeziku (Lord Jim, autora Josepha Conrada i Ponos i predrasude, autorice Jane Austen). Navedene romane smo analizirali uspoređujući upotrebu glagolskih vremenā za prošlost u navedenim dvama romanima na engleskom jeziku i njihove prijevode na hrvatskom jeziku. Navedeni način analize se pokazao prihvatljivim načinom provjere upotrebe prijevodnih ekvivalenata između glagolskih vremena za prošlost u hrvatskom i engleskom jeziku u praksi.

Rezultati analize su u pojedinim slučajevima potvrdili ono što je navedeno u teoriji, primjerice: hrvatski perfekt perfektivnih i imperfektivnih glagola i aorist su prijevodni ekvivalenti engleskog prošlog završenog vremena (Simple Past Tense) i prošlog trajnog vremena (Past Continuous Tense). Također, nismo našli primjere upotrebe pluskvamperfekta perfektivnih i imperfektivnih glagola, koji smo u teoriji naveli kao potencijalni prijevodni ekvivalent „perfekta prošlog" (Past Perfect Tense) i „perfekta prošlog trajnog" (Past Perfect Continuous Tense), ali smo našli primjere upotrebe perfekta perfektivnih i imperfektivnih glagola kao prijevodnog ekvivalenta „perfekta prošlog" (Past Perfect Tense) i „perfekta prošlog trajnog" (Past Perfect Continuous Tense), itd.

Analiza navedenog korpusa je također pokazala da se prošlost u oba jezika može izraziti i glagolskim vremenima koja ne pripadaju sustavu glagolskih vremenâ za prošlost, npr. prezentom u hrvatskom i običnim sadašnjim vremenom (Simple Present Tense) u engleskom jeziku u pripovjedačkom (narativnom) stilu, tj. kada govorimo o nekim događajima iz prošlosti, itd.

Na kraju smo pokušali objasniti razloge upotrebe perfektivnih ili imperfektivnih glagola u prijevodu određenih glagolskih vremena s engleskog na hrvatski jezik. Ustanovili smo da je navedena ekvivalencija ponekad uvjetovana upotrebom nekih priložnih oznaka ili nekih drugih vrsta riječi (npr. veznika), ili značenjem glagola koji su ukazivali na prošlost, npr. prilog for centuries (stoljeća i stoljeća) jasno ukazuje da je riječ o trajnoj radnji, dok prilog once (jedanput) ukazuje da je riječ o svršenoj radnji, itd. Neki veznici mogu ukazati da je riječ o trajnoj radnji, npr. veznik while (dok) se posebice upotrebljava kada je riječ o dvije radnje koje su trajale u isto vrijeme u prošlosti. Navedeni veznik ukazuje na upotrebu imperfektivnog oblika glagola u prijevodu s engleskog na hrvatski jezik. Ponekad i sâmo značenje glagola može ukazati o kakvoj je radnji riječ, npr. glagol listen (slušati) je imperfektivan po svom značenju, dok je glagol hear (čuti) perfektivan. Stoga, glagol listen prevodimo perfektivnim obliko glagola, a glagol hear prevodimo imperfektivnim oblikom glagola.

Jedna važna kategorija glagola u engleskom jeziku su stativni glagoli koji se ne koriste u trajnom obliku, nego se u prijevodu na hrvatski jezik koristi perfektivni oblik navedenih glagola i na taj način se prevodi semantičko značenje engleskog glagola.

Da zaključimo: Sustavi glagolskih vremena za prošlost u hrvatskom i engleskom jeziku pokazuju općenitu ekvivalenciju kada je riječ o glagolskim vremenima i glagolskim oblicima koji izražavaju određeno glagolsko vrijeme. Međutim, poznato je da dolazi do odstupanja glede glagolskog aspekta. Dok u hrvatskom jeziku oblik glagola ukazuje na aspekt, tj. aspekt je morfološki, u engleskom jeziku aspekt se izražava „običnim" (simple) ili „trajnim" (continuous) glagolskim vremenima ili nekim drugim vrstama riječi (prilozima, veznicima), ili uključujući sâm glagol koji je po svom značenju (semantički) perfektivan ili imperfektivan.

Analiza je također pokazala postojanje višestrukih međujezičnih ekvivalencija umjesto jednostavnog odnosa jedan naprema jedan, kao i postojanje pragmatički različitih prijevodnih strategija za postizanje semantičke evivalencije. Otkrili smo još jednu važnu značajku kada je riječ o hrvatskom jeziku, a to je da su neka glagolska vremena koja postoje u sustavu glagolskih vremenā za prošlost u hrvatskom jeziku pragmatički pasivna. Pluskvamperfekt i aorist se u prijevodu koriste rijetko ili nikako, i uglavnom se zamjenjuju perfektom perfektivnih i imperfektivnih glagola. Također, engleski „perfekt sadašnji" (Present Perfect Tense) je glagolsko vrijeme za koje ne postoji izravan prijevodni ekvivalent u hrvatskom jeziku, nego se prevodi različitim glagolskim vremenima ovisno o svom značenju u kontekstu.

SUMMARY

SUMMARY

In this book called: "CONTRASTIVE LINGUSITIC ANALYSIS: PAST TENSES IN ENGLISH AND CROATIAN LANGUAGE", we contrasted past tenses in English and Croatian language. The goal of this analysis was to show not only the differences, but also the resemblances among past tenses in these two languages. We wanted to prove the equivalence among past tenses in these two languages, despite the existence of certain differences, i.e. the analysis showed that all past tenses were not used in practice. Two novels in English language were used as the corpus for our analysis (*Lord Jim*, written by Joseph Conrad and *Pride and Prejudice*, written by Jane Austen). These two novels were analyzed by contrasting the use of past tenses in English language and their translation into Croatian language.

The applied analysis proved to be an acceptable way of the use of translation equivalents among past tenses in English and Croatian language in practice as well.

The results of the analysis sometimes proved what was stated in theory, e.g. Croatian *Perfect* of perfective and imperfective verbs and *Aorist* are translation equivalents of English *Simple Past Tense* as well as of *Past Continuous Tense*. However, we did not find examples of the use of Pluperfect of perfective and imperfrective verbs, although in theory we metioned Pluperfect as a potential translation equivalent of English Past Perfect Tense and Past Perfect Continuous Tense. Nevertheless, we found examples of the use of *Perfect* of perfective and imperfective verbs as a translation equivalent of *Past Perfect Tense*, as well as of *Past Perfect Continuous Tense*.

The analysis also proved that in both languages past could be expressed by the use of tenses which do not belong to the system of past tenses, e.g. *Present* could be used for expressing past in Croatian language, whereas *Simple Present Tense* could be used for expressing past in English language, but in the narrative, literary style, i.e. we talking about some past events, etc. Finally, we tried to explain reasons of the use of perfective and imperfective verbs in translating certain tenses from English into Croatian language. We found that the equivalence was sometimes caused by the use of adverbs, or some other words (e.g. conjuctions), or by the meaning of verbs, which all pointed to past, e.g the adverb "for centuries" clearly shows durative action, while adverb "once" shows that the action is finished, etc.

Some conjuctions can indicate durative action, e.g. the conjuction "while" is mostly used when talking about two actions happening simultaneously in the past. The conjuction indicates the use of imperfective verb when translating from English into Croatian language. The meaning of a verb can sometimes indicate what kind of action it is, e.g. the verb "listen to" indicates imperfective action, whereas the verb "hear" indicates perfective action.

Therefore, the verb "listen to" is translated with imperfective verb, whereas the verb "hear" is translated with perfective verb. One important verbal category in English language is stative verbs which are not used in continuous tenses, therefore when translating those verbs into Croatian language a perfective form is used, in which way the semantic meaning of the English verb is translated.

As a conclusion we can state that systems of past tenses in English and Croatian language indicate general equivalence among tenses and verbal forms. However, it is known that there is a difference when talking about verbal aspect in these two langauges.

In Croatian langauge the form of a verb indicates aspect, i.e. the aspect is morphological,whereas in English language the aspect is expressed by simple or continuous tenses, or some other words (adverbs, conjuctions), or by the use of a verb which is semantically perfective or imperfective.

The analysis also showed the existence of multiple interlingual equivalences instead of a simple relationship one by one, as well as the existence of pragmatically different translation equivalences for achieving semantic equivalence.

We also found another important characteristic when talking about Croatian language, and that is that some tenses that exist in the Croatian tense system are pragmatically passive.

Pluperfect and Aorist are rarely, or almost not used at all in translation and they are mostly replaced by Perfect of perfective and imperfective verbs. However, English *Present Perfect Tense* is a tense for which there is no direct Croatian translation equivalent, but it can be translated with different tenses depending on its meaning in context.

RECENZIJE

Rad dr. sc. Ivone Šetka Čilić pod naslovom *Kontrastivna analiza: Glagolska vremena za prošlost u hrvatskom i engleskom jeziku* koji je predložen za objavljivanje, njezin je vrlo dobar znastveni magistarski rad, koja svakako zavrjeđuje da bude pristupan širem čitateljstvu.

Kao što se to od znanstvenog magistarskog rada i zahtijeva, tekst sadrži teoretski dio, u kojem se izlaže literatura, koja raspravlja o pojmu glagolskog vremena, posebice prošlog, o načinima na koje se ono izražava u hrvatskom i engleskom, i zatim kontrastivnu analizu na dvama engleskim tekstovima i njihovim prijevodima na hrvatski.

Tom se pomnom analizom traže prijevodni ekvivalenti u hrvatskom za glagolska vremena za prošlost, koja su korištena u engleskom. Rezultati su potom raspravljeni i vrlo pregledno taberlarno prikazani.

Ovaj je rad vrlo dobro iskoristiv za prevoditelje, ali posebice za studente anglistike i kroatistike, jer osim bitne rasprave o gramatici glagolskih vremena za prošlost, kontrastivnog postupka i rasprave o prijevodu, te tabelarnog prikaza prijevodnih ekvivalenata, rad sadrži mnoštvo primjera iz originalnog teksta u njihovim kontekstima i primjera prijevoda na hrvatski, što može bitno pripomoći u razumijevanju i usvajanju ove gramatičke kategorije, kao i pri prevođenju s engleskog na hrvatski, velikim brojem primjera i rješenja.

Uzevši u obzir sve gore rečeno svesrdno preporučam ovaj tekst za objavu.

U Zagrebu, 12. prosinca 2014.

dr. sc. Dora Maček, prof. emerita
Filozofskog fakulteta
Sveučilišta u Zagrebu

Zamoljen sam da napišem recenziju rada kolegice dr. Ivone Šetka Čilić pod naslovom: *Kontrastivna analiza: Glagolska vremena za prošlost u hrvatskom i engleskom jeziku.*

Rad ima 241 stranicu. Podijeljen je u nekoliko relevantnih poglavlja.

Kolegica se uhvatila u koštac s vrlo teškom temom – usporedbom glagolskih vremena za prošlost u hrvatskom i engleskom jeziku. Radi se o dva strukturalno znatno različita jezika. Jedan i drugi imaju uvelike zamršen sustav glagolskih vremena. Hrvatski kao slavenski jezik ima i glagolski vid (aspekt) kao morfološku kategoriju, što je u engleskom znatno drukčije. Uspoređujući ta dva jezika u tako zamršenoj problematici, zasigurno je bio mučan posao. Tražila je u tom zajedničko i različito, tražila je za razne pojedinosti odgovarajuće ekvivalente.

Najprije je na temelju izvrsnoga poznavanje kroatističke i anglističke literature o tom pitanju uspostavila određene relacije na teorijskoj razini. Pokazala je što čemu odgovara, što se čime može izraziti i pod kojim uvjetima.

Tako dobivene rezultate na temelju teorijskih spoznaja podvrgla je temeljitoj provjeri. Uzela je dva romana koja su prevedena s engleskoga na hrvatski (*Lord Jim*, autora Josepha Conrada i *Ponos i predrasude*, autorice Jane Austen). Usporedila je upotrebu glagolskih vremena za prošlost u tim dvama romanima na engleskom jeziku i njihovu prijevodu na hrvatski. Provjera je pokazala da se prijevodni zahvati uglavnom podudaraju s teorijskim postavkama. Ono što se ne podudara s teorijskim postavkama autorica je vrlo pronicljivo pokušala i uspjela objasniti, obrazložiti, što zahtijeva stanovitu dopunu teorijskim postavkama. Način provjere pokazao se vrlo uspješnim.

Kolegica se osvrnula i na to da se prošlost u oba jezika može izraziti i drukčije. Rad kolegice dr. Ivone Šetka Čilić je vrlo vrijedan prinos proučavanju jezičnih odnosa hrvatskoga i engleskog jezika. Može biti vrlo koristan kroatistima i anglistima, osobito prevoditeljima u oba smjera. Može biti poticajan za slična istraživanja pri usporedbi drugih pojedinosti u tim dvama jezicima kao i u drugim jezicima.

Stoga ga zdušno preporučujem za tisak i radujem se njegovu pojavku, objavku.

Zadar, 24. studenoga 2014.

dr. sc. Mile Mamić, red.prof.

BILJEŠKA O AUTORICI

Ivona Šetka Čilić je rođena 13.1.1979. u Mostaru, (BiH). Završila je četverogodišnji diplomski studij studij na Pedagoškom fakultetu Sveučilišta u Mostaru i 2002. postala profesorom hrvatskog i engleskog jezika i književnosti.

Od listopada 2002. uposlena je na Pedagoškom fakultetu (sada Filozofskom fakultetu) Sveučilišta u Mostaru kao mlađa asistentica na Odsjeku za engleski jezik i književnost.

2003./2004. godine upisala je poslijediplomski znanstveni studij iz Jezikoslovlja (magistarski studij) na Filozofskom fakultetu Sveučilišta u Zadru na kojem je 2006. godine uspješno obranila magistarski rad, čime je stekla akademski stupanj magistrice društvenih znanosti, a 2010. je na Filozofskom fakultetu Sveučilišta u Mostaru uspješno obranila doktorski rad i stekla akademski stupanj doktorice društvenih znanosti. Od siječnja 2013. u nastavnom je zvanju docentice na Odsjeku za engleski jezik i književnost.

www.ingramcontent.com/pod-product-compliance
Lightning Source LLC
Chambersburg PA
CBHW072340090426
42741CB00012B/2867